# LETTRE
# DV IAPPON
## DE L'AN M. D. LXXXII.
ENVOYEE AV R. P. GENE-
ral de la compagnie de Iesus,
par le P. Gaspar Cælio Vi-
ce prouincial au-
dict lieu.

## A PARIS,

Chez Thomas Brumen au Clos Bruneau
à l'enseigne de l'Oliuier.

### 1586.

AVEC PRIVILEGE.

# LETTRE DV IAPPON DE

L'AN M.D.LXXXII. ENVOYEE AV
R. P. general de la compagnie de Iesus, par
le P. Gaspar Calio Viceprouincial
audict lieu.

E lóg seiour des nauires des Portuguais, qui depuisquelques annees se sont arrestez en ce port plus que de coustume pour les affaires de leur traffic, & marchandise, à faict aussi que les lettres & nouuelles, qu'on enuoye en Europe, ont esté retenues tout vne annee, non sans nostre grand regret, pour n'auoir response de nos affaires, & aussi comme nous estimons non sans le mescontentement de ceux d'Europe, à raison du grand desir qu'ils ont de voir de nos lettres, & entendre par icelles ce que la diuine bóté a faict en ces quartiers pour le salut des ames, & augmentation de sa saincte foy.

Mais pource qu'il est à croire que leurs desirs seront d'autát plus augmétez que plus tard ils seront satisfaicts : nous esperons que ceste lettre donnera double contentement & ioye à vostre P. & aux autres peres & freres de par dela, tant pour ce regard comme pour les choses

4

qu'elle contient pleines de grande côfolation. Or pourle faire plus court, ie laifferay à part beaucoup de chofes particulieres, & feulement vous aduertiray du principal, & commençant à ce qui concerne le general defcendray au particulier.

L'eftat de la Religion Chreftienne en ce pays a receu beaucoup d'accroiffement, comme auffi celuy de noftre compagnie. Et pour le fait du Chriftianifme, cefte prouince du Iappon eft diuifee en trois parties, en chacune defquelles il y a diuerfes refidences & maifons de noftre compagnie qui à prefent font quatorze en nombre, efquelles fe retrouuent feptante cinq perfonnes de noftre compagnie, tant preftres que non preftres: & nous en attendons de nouueaux des Indes pour fonder vn college à Meaque, pource qu'on iuge ledict college deuoir eftre de grande confequéce pour le proffit qu'on en efpere au falut des ames : attendu que ladite ville eft la principalle de tout le Iappon. & nous efperons que l'annee qui vient on y commencera vn cours de Philofophie. Nous auons deux feminaires, ou font pour le prefent cinquante ieunes gens: & y en auroit d'auantage fi le moyen y eftoit de les entretenir. Il y a entr'eux bon nombre de nobleffe, & entre autres vn fils & vn nepuéu du Roy de Fiungue, & vn coufin de Dom Protaife Roy d'Arime qui eft fils de Dom André Roy, qui mourut vn peu apres qu'il fuft baptifé. Le proffit de ces feminaires s'augméte de iour en iour, & en faut encores efperer d'auantage. Le P. vifiteur eftime

qu'il feroit bon pour l'auancement du feruice
de Dieu, que les Roys du Iappon enuoyaſlent
quelques vns vers ſa ſainɗeté pour luy rendɪe
obeiſſance en leur nom : car par ce moyen ils
trauerſeroyent vne bonne partie de l'Europe,
& beaucoup de biens s'en enſuyuroit, voyans
principalement la grandeur & ſplendeur de
l'Egliſe, & des princes Chreſtiens:& en particulier les ſainɗs lieux, & les ſainɗes reliques
de Rome, dequoy ils receuroyent beaucoup
de contentement & d'edification : & eſtant de
retour ſeroient enuers les autres, teſmoings de
veue & preſcheurs de la verité. Car entre les
choſes qui empeſchét beaucoup la conuerſion
de pluſieurs, & retardent le fruiɗ ſpirituel, eſt
principallement vne opinion qui court entre
ces payens, que nous ſommes vne nation pauure & chetiue, qui ſoubs ombre de preſcher
vne loy nouuelle, venons icy chercher à viure,
ne pouuans comprendre comment il eſt poſſible que nous laiſſions nos pays fournis de tant
de biens, qu'on dit, pour venir en vne contree ſi
lointaine, & ſi mal garnie de toutes commo-
ditez temporelles. En quoy auſſi le P. viſiteur
pretend & eſpere, que faiſant vne monſtre du
bon naturel de ces Iappónois & de leur eſprit,
capacité, & habileté en toutes choſes, non ſeulement ſa Sainɗeté, & tous les princes Chreſtiens tiendront pour bien employé tout ce
qu'ils font, à l'endroit de ceſte nation pour la
gaigner à noſtre Seigneur, mais auſſi voſtre P.
& tous ceux de noſtre compagnie de par delà
s'exciteront & eſchauferont d'auantage à cul-

a iij

6

tiuer ceste vigne, iugeant estre petit tout le tra-
uail qu'il y met. Ce sont les occasions qui font
que le P. Visiteur solicite ce Roy d'enuoyer qua
tre ieunes hómes des plus nobles, vn desquels
se nomme Dom Mancio, nepueu du Roy de
Fiungue, & parent du Roy de Bungo auec ses
lettres, pour rendre en son nom obeissance à sa
Saincteté: L'autre Dom Michel cousin du Roy
d'Arime, & nepueu de Dom Barthelemy, seigneur d'Omure, auec lettres & charge de mesme fait: les autres deux sont de la principale
noblesse, Dom Iulien & Dom Martin, qui sont
pour tenir compagnie aux deux princes dessus
dits. Et ce doutoit bien au cómencement Dom
Barthelemy, que la mere de Dom Michel se
rendroit difficile, & entendroit malaisement à
tel voyage, comme depuis on la experimenté
en elle & en la mere de Dom Iulien, eux mesme toutesfois les ont si bien persuadees de ne
les priuer d'vn si grand bien qu'on esperoit de
tel voyage, qu'en fin leur ont volontiers donné
congé. Et bien qu'ils soyent ieunes, nous ne fai-
sons doute toutesfois que sa Saincteté, & les
autres princes Chrestiens d'Europe ne doiuent
grandement estre contens & edifiez de leur
vertu, prudence, & deportement: ou encore se
cognoistra la consequéce de l'entreprise qu'ha
nostre compagnie en ces quartiers.

Quand à l'estat de ce pays, bien que pour la
plus grand part il y aye guerre par tout, ce non-
obstant les affaires de l'Eglise, & du Christianisme ont eu tousiours bonne paix, & prospe-
rité: & nostre seigneur en plusieurs lieux a sup-

pleé le deffaut des predicateurs par beaucoup d'œuures miraculeufes, principalemét en Bungo où fe font gueris beaucoup de malades, & poffedez du Diable par le moyen des fainctes reliques, & de l'eau benifte, ce qu'à ayde beaucoup à la conuerfion de plufieurs, & à rendre les autres conftans en la foy. Le nombre des Chreftiens qui toute cefte annee ont efté baptizez arriue à dix mil, & on en auroit baptizé d'auantage fi le nombre des ouuriers eftoit plus grand.

Le nombre des Chreftiens qui fe trouuent cefte annee au Iappon, fuyuant l'information qu'en a le P. vifiteur eft enuiron de cent cinquante mille, entre lefquelz y a bon nombre de nobleffe, pource que outre le Roy de Bungo, d'Arime, & de Foque, il y a encore beaucoup de feignéurs de diuers pays, qui font Chreftiés, eux & leurs parents, & vaffaux. La plus grand part de ceux-cy demeurét au quartier de Xime, au pays d'Arime, d'Omure, de Firande, de Macuffe, où font cent & quinze mille Chreftiens, y comprenant auffi ceux qui font au pays de Gote, & Xique. Il y en a dix mille au royaume de Bungo, & vingt cinq mille au quartier de Meaque, adiouftant ceux qui font efpars par les royaumes de Guchinay & Amaguocy. Nous auons éfi tous ces royaumes où font les Chreftiens, deux cens Eglifes tant grandes que petites. Voyla ce qui appartient au general. I'adioufteray ce qui touche en particulier à chaque quartier, & commençeray par celuy de Xime.

IL y a au quartier de Xime (qui contient Arime, Omure, Amacusse, Firande, & quelques
autres royaumes) enuiron cent quinze mille
Chrestiens, comme a esté dit auparauant, lesquels ont esté en bonne paix toute ceste annee,
bien qu'il n'y aye eu faute de trauerses & dangers pour les continuelles emotions & guerres qui seleuent ordinairemét au Iappon, principalement pource qu'il y a vn seigneur payen
fort puissant nommé Riosogi, lequel l'annee
passee se reuolta contre le Roy de Bungo, &
apres s'estre subiugué & conquis les royaumes
de Figen, & de Cicungue, & estre entré dedans
d'autres royaumes de Bungo, s'est fait encore
ceste annee maistre du royaume de Finge, &
tant s'est augmentee sa puissance que tous les
seigneurs de Xime le redoutent, & principalement les seigneurs d'Arime, & d'Omure, lesquels bien qu'ils ayent alliance auec luy, crai-
gnent toutesfois d'estre exterminez de luy,
comme il est aduenu aux autres. Vne chose est
aduenue, qui a dóné grand sursaut & frayeur à
tous les Chrestiens de par deçà, c'est que Riosogi pressoit Dom Barthelemy seigneur d'O-
mure, de le venir trouuer en sa forteresse de
Comga auec son fils heritier de ses pays : Ce
qui mist en telle perplexité & detresse ce pauure seigneur & tous les siens, qu'il ne sçauoit
quel conseil suyure : pource que d'vne part il
doutoit que l'intitution de Riosogi ne fust
soubs pretexte de paix de l'auoir en sa puissan-

ce & fon fils auec les principaux de fon pays
pour les faire mourir & enuahir routes ces terres, comme il auoit ia faict à d'autres feigneurs
du Iappon . D'autre cofté il craignoit que s'il
ny ailloit point eftant mandé de luy, & qu'il
monftraft cefte deffiance, il fe courrouffaft d'a-
uantage contre luy, & fe declaraft fon mortel
ennemy, auquel il ne pouuoit refifter à raifon
de fon pouuoir. Le P. viceprouincial n'eftoit
d'auis qu'il s'y acheminaft pour l'euident peril
auquel il fe meftoit, ains pluftoft qu'il s'excu-
faft par tous moyens. Mais Riofogi ne fe con-
tentant de toutes fes excufes, Dom Barthelemy apres auoir bien deliberé l'affaire auec les
fiens, & s'eftre recommandé à noftre Seigneur,
és mains duquel font les cœurs des hommes, fe
refolut finalement d'entreprendre le voyage
auec efperance de pouuoir par ce moyen l'appaifer & adoucir aucunement. Parquoy il partit accompagné de fon fils & de tous les principaux feigneurs de fon pays, & de cinq cens
gentils-hommes tirant à la forterefle de Comga, pour fe mettre entre les mains de Riofogi.
Voftre P. peut penfer en quelle crainte &
efmoy, nous eftions auec tous les Chreftiés,
pource que s'il euft faict mourir Dom Barthelemy & les Seigneurs qui le fuiuoyent, non feulement leur pays eftoit en fa difcretion, mais
encore il fe faififfoit des terres d'Arime, d'ou
s'en fuft enfuyuy que toute la religion Chreftienne euft efté efteinte en ce quartier. Nous
fufmes en cefte frayeur & alarme l'efpaffe de
vingt iours, mais en fin noftre Seigneur nous

deliura de ce danger, donnant heureux succes à Dom Barthelemy, pource qu'il fust fort bien reçeu, & auec grand honneur de Riosogi, & eust congé de retourner auec accord de paix entre eux, pour l'establissement, de laquelle Riosogi luy fist promesse de donner vne sienne fille en mariage à son heritier de son estat. Ce bon & non espere succes causa à tous vne merueilleuse & nonpareille ioye & allegresse: & pour recognoistre que c'estoit vne faueur particuliere de Dieu, aduint incontinent qu'vn autre seigneur Payen d'aussi grands moyens que Dom Barthelemy nomme Camachindone du royaume de Chicungue, fust mádé de Riosogi au mesme temps, & auec pareille recharge, & peut estre auec la mesme volonté déle faire mourir: Mais Camachindone craignát ce qui luy pouuoit aduenir, ny voulut aller que premieremét ne vit l'yssuë qu'auroit DomBarthelemy: le bon succes duquel luy ayant donné esperáce, se mist en chemin auec tous ses alliez & autres gentilshommes de son pays, & fust premierement receu de Riosogi, auec la mesme feste queDom Barthelemy: mais apres, lors qu'il se deffioit le moins fust enserré de quatre ou cinq mille hommes en vn lieu estroit & massacré auec toutes ses gens. Riosogi incontinent despecha gens qui conquirent aysement tout son pays, vsans de grande cruauté, de sorte que les principales dames ayant entendu la nouuelle de la mort de leurs parens, se tuerent elles mesmes de peur de venir en la puissancedé Riosogi, & receuoir deshonneur, & desplaisir.

Ceſte meſaduenture de Camachindone à donné plus d'occaſion de remercier Dieu noſtre
ſeigneur de la deliurance de Dom Barthelemy,
& de recognoiſtre le benefice de ſa diuine ma-
ieſté & faueur ſpeciale à l'endroit de ces nouueaux Chreſtiens. Nous ne ſommes toutesfois
pour tout cela hors de crainte. Pour ceſte oc-
caſió le pere Viſiteur & le pere Viceprouincial,
conſiderans de quelle importance eſtoit l'amitié de Rioſogi, pour le bien & repos des Chreſtiens l'ont enuoyé plus ſouuent viſiter, rece-
uans touſiours de luy bonne reſponſe : finalement le P. Prouincial l'alla voir luy meſme, &
fuſt fort bien & humainement receu de luy, &
apres auoir deuiſé de beaucoup de choſes entr'eux, demanda auec grande inſtance que ledit
pere moyénaſt auec les nauires des Portuguais,
qui ont accouſtumé de venir de la Chine au
Iappon, qu'ils vinſſent en ſes pays, promettant
encore de donner permiſſion aux peres de faire baſtir Egliſes en ſes pays : & ainſi donna congé audit pere, auec grand ſigne de bonne affection, monſtrant de demeurer noſtre amy. Or
ce nonobſtant toutes ces choſes, on ſçait qu'il
pretend ſe faire ſeigneur d'Arime, & d'Omure,
laquelle choſe faict douter de ſon amitié : &
ainſi nous viuons entre crainte & eſperance.
Mais ſelon que nous ſçauons que c'eſt la couſtume de noſtre ſeigneur, principallement au
Iappon, de tirer quelque bon fruict de ſes per-
ſecutions & trauerſes, nous eſperons qu'il en
tirera beaucoup, encore de celles icy, dequoy il
nous donne ia quelque ſigne, pource que le

Roy de Saxume, qui auparauant eſtoit ennemy
iuré du Roy de Bungo, voyant la puiſſance de
Rioſogi, & craignant pour ſon pays qui luy eſt
voiſin, que s'il occupoit Bungo il tourneroit la
guerre contre luy, a traitté & accordé la paix
auec le Roy de Bungo par le moyen de Nobunanga : & faiſant guerre contre Rioſogi ceſt à
ceſte heure fait maiſtre de la moytié du royaume de Fingue, lequel Rioſogi auoit oſté au
Roy de Bungo, & ainſi Bungo d'vn coſté, & de
l'au re Saxume donnerót aſſez d'affaire à Rioſogi, & par ce moyen auront quelque peu de
repos, les ſeigneurs d'Arime & d'Omure auec
les autres Chreſtiens. D'auantage le Roy de Saxume eſpere que les nauires des Portuguais fre-
quenteront ſes ports, & pource voyant que
leſdits Portugois ſeront plus ayſement attirez
à ce faire, ſi en ſes pays il y a des Egliſes & des
Chreſtiens, a traicté de c'eſt affaire auec le P.
Viſiteur, & auec le P. Viceprouincial : & lors q̃
ledict pere Viſiteur retournant de Bungo paſſa par ſon pays il le manda viſiter, & enſemble luy enuoya vn beau & riche preſant d'vn
cheual, & d'vne eſpee, pour le preſenter en ſon
nom au viceroy de l'Inde, monſtrant grand de-
ſir d'entrer en l'amitié des peres & des Portuguais. Et depuis le P. Viſiteur eſtát preſt de s'é-
barquer, luy enuoya vn autre meſſage, qu'il
vouloit donner place aux peres pour faire vne
Egliſe & maiſon à la principale ville de ſon
royaume, & qu'il donneroit permiſſion à tous
ceux de ſon obeiſſance qui ſe voudroyent faire
Chreſtiens de le faire. Nous iugeons que ce-

fte occafió & entree que noftre Seigneur nous donne en Saxume, eft de trefgrande côfequence pour l'honneur & aduancement du Chriftianifme & pour la conuerfió & falut de beaucoup d'ames. Deux Seigneurs gentils, qui iufques à cefte heure nous eftoyent fort contraires, & perfecutoyent cruellement les Chreftiens, l'vn defquels eftoit peregrand d'Aremãdone, l'autre frere de Ifafay, qui eft vn grãd feigneur des ces quartiers, ont efté touchez & infpirez de noftre feigneur, de forte qu'apres auoir fatisfait aux peres, de leur fautes paffees, difoyent qu'ils defiroyent entendre la predication de la loy de Dieu, & fe faire Chreftiens. Quand noftre Seigneur aura dóné bonne iffue à la guerre de Bungo, comme on efpere, ils fe pourrót baptifer, & plufieurs autres feigneurs, & fe fera encore beaucoup de proffit en leur pays.

En ce quartier de Xime nous auons dix refidences, mais à caufe que noz peres & freres pour leur petit nombre font bien efcartez, le P. Vifiteur a efté d'auis pour tenir meilleur ordre & mieux nous conferuer, les reduire à cinq refidéces, qui font comme petis Colleges affis en diuers pays de ces Seigneurs Chreftiés. Chafque refidéce a fon Superieur & fept de noftre compagnie tât preftres que non preftres, auec trois ou quatre Dogichy qui font feruiteurs Iapponnois habillez de robes longues, viuans en noz maifons, receuz comme pour probation. Ces fept cependant s'eftendét par le pays & vifitent chafcun les lieux defquelz ils ont charge, aydans les Chreſtiens ſelon l'exercice de noſtre cōpagnie. Reſte deſormais à eſcrire de chacune deſdites reſidences en particulier.

### De la reſidence & ſeminaire d'Arime.

LA principale reſidéce eſt en Arime, où nous auons auſſi vn ſeminaire, auquel ſont vingt & cinq ieunes gentilz hommes. Les baſtimens qui ſe dreſſoient l'annee paſſee au pays d'Arime & Arye, ſont beaucoup aduancez, & principallement ſeſt faict en Arime vne fort belle Egliſe de trois nefs, c'eſt la meilleure & plus grande que nous ayons en ce quartier de Xime. On n'y à faict guere grande deſpenſe, combien que le baſtiment ſoit bien grand, pource qu'on ſeſt ſeruy des ruines, & demolitiós des temples des gentilz, & du boys que Dom Protaiſe ſeigneur d'Arime à donné. On a faict vne autre Egliſe en Arye lieu prochain d'Arime, qui eſt vn peu moindre que celle d'Arime. Et de ces deux baſtimens on a receu beaucoup d'ayde & proffit, pource que nonſeulement les nouueaux Chreſtiens ont eſté plus encouragez & confirmez, mais les payens qui reſtoient audit pays ont reſolu de ſe faire Chreſtiens, de ſorte que ſe ſont baptiſez ceſte annee ſix cens perſonnes, & nous eſperons que l'annee qui vient tout le reſte ſe baptiſera. Quand au Seminaire nous ne pouuons aſſez exprimer à voſtre P. le grand contentemét que nous auons de voir le profit que font en pieté, en bonnes mœurs, & lettres, les ieunes gens qui y demeurent, pource qu'on n e

voit aucun exces & immodeftie en leurs parolles & actions. Ils viuent en fort grande paix &
vnion, & en leurs eftudes vfent de telle diligence qu'ils furmontent l'efpectation qu'on
pouuoit auoir d'eux, & ordinairement en efprit & memoire ils paffent beaucoup la ieunef-
fe d'Europe, pource que noftre langue leur
eftant nouuelle & eftrange, en peu de iours ils
apprennent à la lire & efcrire, & femblable-
ment la langue latine, & bien qu'elle leur foit
beaucoup malaysee, telle toutesfois eft la bonté de leur memoire & efprit, & fi grâde leur diligence que nous efperons qu'ils doyuent auffi
toft ou pluftoft fe faire bons latins que ceux
d'Europe. Ils apprennent encores le chant de
l'Eglife, & ont vne bonne chapelle, & fans
peine ils chantent vne grande meffe. Voftre P.
pourra voir le fruict de ce Seminaire, non feulement par les premiers fruits que nous luy of-
frons, à fçauoir des quatres ieunes hommes
que le P. vifiteur mene auec foy, mais encore
de noftre frere qui eft en leur compagnie : dequoy il eft aysé d'entendre que le bien du Iappon confifte en ces Seminaires, en chafcun defquels fi on pouuoit entretenir cét ieunes hommes nous aurions dedans peu de temps grand
nombre de gés pour noftre compagnie, & pour
en faire des preftres feculiers.

Quand le P. vifiteur retourna de Meaquo ces
ieunes gens le receurent auec fi grande fefte &
alegreffe, qu'il difoit apres, que cefte veuë feulement qu'il auoit eu du Seminaire eftoit fuffi-
fante pour eftre payé & recompenfé de noftre

16

Seigneur, de tous les trauaux qu'il auoit enduré
en son voyage. Ces ieunes gens ornerent de diuerses façons, & inuentions la salle du Seminaire, & la chappelle & les autels y vsant par
tout de tel ordre , & disposition qu'il fust necessaire d'ouurir la porte à tous les seigneurs &
gentils hommes d'Arime, qui demandoient in-
stamment qu'on leur permit voir chose si gen-
tille, & encore estoient venus pour faire honneur à ceste assemblee, & receuoir auec tous
leurs gens le P. visiteur, & ne pouuoient assez
louer le bel ordre & les ornemens dudit Seminaire, & monstrans grand signe d'amour au P.
visiteur & à tous les autres traicterent auec luy
de beaucoup de choses d'importance pour le
bien & aduancemét de la religion Chrestienne
en ces pays.

*De la residence de Nangasache & d'Omure.*

NOus auons deux residences és terres de
Dom Barthelemy : vne en Nangasache,
qui est vn port où communement les Portugois se retirent: l'autre en la cité d'Omure qui
est situee de l'autre costé de la mer. En la maison de Nangasache se tiennent trois de nos peres & quatre de nos freres qui ont sous leur
charge vne bien longue estendue de pays auec
plus de cinquantes bourgades, où ils sont bien
empeschez, tant à enseigner la doctrine Chrestienne qu'en l'administration des saints Sacremens , & ne se peut aysément dire le grand
nombre des confessions generales & particulieres,

lieres, & le fruict qu'on à recueilly en conuersant & traictant familierement auec ce peuple.
L'edifice que nous y auós est aussi fort beau, &
asseuré, & parce que l'Eglise estoit trop petite
pour la grande affluence des marchans qui
abordent icy de tout le Iappon, aucuns Chrestiens Iapponnois & Portugais, nous ont faict
vne aumosne de quatre cens escus pour donner
commencement à vne autre Eglise qui sera &
plus belle & plus capable, & mettra on les fondemens cóme nous esperós l'annee prochaine.
En ce lieu cependant que le P. visiteur estoit
auec nous est suruenu vn cas qui merite de
vous estre escrit, afin que de là vous puissiez
entendre la bonne disposition de ces Chrestiés
du Iappon. Il y auoit vn ieune homme Iapponnois, le pere duquel ayant esté massacré par vn
autre Iapponnois, homme de qualité, & desi-
rant le ieune homme d'en faire la vengeance,
l'attaqua à l'improuiste & le perça d'outre en
outre, & soudain print la fuite dedans l'Eglise, celuy qui auoit esté nauré le poursuiuit de
grand courage iusques dedans l'Eglise, & le
frappa de son espee qu'il tenoit toute nue si
roydement que tous deux tomberent par terre
quasi mors, bien que puis apres ils eurent assez
de temps pour faire confession & se par donner
l'vn à l'autre, finissant leur vie auec plusieurs signes de vraye cótrition. A ce tumulte sortirent
en armes, & Portugais & Iapponnois, & en-
trát les Portugais dedans nostre maison, le susdit P. fit soudain fermer les portes pour euiter

b

18

plus grãd defordre. Au dehors f'affembla grãde
multitude de Iapponnois, entre lefquels eftoit
le frere de celuy qui auoit efté bleffé le premier
auec plufieurs de fes parens & amis, lefquels
grandemét indignez, par ce que l'on leur auoit
dit que le meurtre auoit efté commis dedans
noftre maifon, crioient à toute force que l'on
leur ouurift les portes, & croiffant le tumulte,
il fembloit à plufieurs qu'à la fin ils entreroyét
par force, mais ayãt ouy ce qui f'eftoit paflé, le
tout peu apres f'appaifa, mais parce que l'Eglife auoit efté violee le P. vifiteur iugea qu'il feroit expedient faire plus grand eftat de ceft accident, affin que les Chreftiens & gentils, ( qui
eftoient en grãd nombre, arriuez à la foire, qui
pour lors fe tenoit) conuffent la reuerence que
on doit porter aux lieux facrez, dont la mefme
nuiĉt enuoya appeller a foy vn Chreftien des
plus honorables & vertueux de la ville, & auec
peu de parolles, mais fort efficaces, luy fit entendre le grand deshonneur qu'on auoit fait à
l'eglife, l'aduertiffoit que fa refolution eftoit de
la ieĉter par terre, & ce qui plus le fafchoit en
cecy, eftoit de voir que les Chreftiens du Iappon, aufquels il eftoit tant affeĉtionné, euffent
donné vn fi mauuais exemple aux Portugais &
gétils qui là fe retrouuoient: De forte que lors
que les Chreftiens de Bungo & Meaque en feroient aduertis, ne les auroient en telle eftime
& reputation comme au parauant, & quant à
luy fe deliberoit de n'arefter vn feul iour da-
uantage dedans leur ville, ains que le matin en-

suiuãt prendroit son chemin vers le lieu d'Arima, & ainsi le licécia. Le iour apres il ne sit faute de se departir, commandant qu'on ostast de
l'Eglise l'image & les paremens de l'autel. Et
ayant entendu les principaux de la ville ce que
le P. auoit traicté la nuict precedente auec le
susdit Chrestien, & mesme son soudain depar-
tement, & voyant l'Eglise sans image & paremens, s'en resentirent de telle façon qu'allant
parler à l'autre P. qui estoit demeuré, luy offri-
rent de faire toute, telle satisfaction qu'ils aui-
seroient. Et d'autant que s'il y auoit eu quelque faute, elle deuoit estre imputee au frere du
defunct & à ses parens & voisins, resolurent de
les bannir tous ensemble sans pardóner ny aux
femmes ny aux enfans d'iceux, ce qu'incontinent fut mis en execution, & aporta ce faict à
tous les autres si grand estonnement & crainte,
que les Gentils ne cessoient de parler du respect & honneur que les Chrestiens deferoyent
à leurs temples. Apres cecy ils nettoyerent &
renouuellerent toute l'Eglise la pauant tout de
nouueau & y mettant nouuelles nattes comme
cest la coustume des Iapponnois. Cecy fait ils
despecherent des gens au P. visiteur qui estoit
en Arima luy demandans pardon & faisans offre de toute autre satisfaction qu'il voudroit
auoir d'eux, afin que derechef il fit dire la messe
comme au parauant: Le P. les renuoya, monstrant d'estre aucunement satisfaict, mais que
le cas suruenu estoit tel qu'il ne pouuoit faire
ce qu'ils demandoyent, iusque à ce qu'il s'en re-

20

tourneroit à Naugaſache auec le P. viceprouincial. Quinze iours apres le P. retourna, & ſe
deliberant de recócilier l'Egliſe, ordóna qu'on
fit vne proceſſion auec grande ſolennité, à laquelle accourut vn nombre infiny de perſonnes, & la proceſſion accomplie ſe fit vne predication en laquelle on remonſtra cóbien grand
reſpect & reuerence l'on doit porter à l'Egliſe,
& comme par l'effuſion du ſang humain qui y
eſtoit interuenue, elle auoit eſté violee. Soudain apres les premiers & plus apparens de la
ville ſ'obligerent par iuremens publics & ſo-
lennels, de conſeruer à l'aduenir le lieu ſacré
en toutes ſes immunitez & priuileges en faueur
de tous ceux qui ſ'y retireroient, & de la de-
fendre cótre tous ceux qui la voudroient vio-
ler ou faire tott aux peres. Cecy fait, le P. la be-
nit derechef auec les ceremonies accouſtu-
mees, chantant la Meſſe fort ſolennellement
au grand contétement des Iapponnois & Portugais, deſquels pluſieurs ne ſe pouuoient tenir de larmoyer par deuotion, & diſoyent que
le fruict que l'on auoit recueilly d'vn tel accident, eſtoit merueilleuſement grand, dont ils
remercient treſaffectueuſement la bonté de
Dieu qu'il leur auoit faict la grace d'aſſiſter à
ceſt acte, & par ce moyen de r'entrer en eux
meſmes. Le P. tout ſoudain remit la faute aux
bannis, & permit qu'ils retournaſſent à leur
propre maiſon, toutesfois auec condition que
chacun d'eux feroit vne diſcipline publique au
dedans de l'Egliſe, y adiouſtans le meſme ſer-

ment & demandans pardon à tous. Et finablement fur le foir ils firent tous grande fefte & 
alegreffe tant pour le retour du P.que pour le 
fingulier benefice qu'il leur auoit faict de leur 
conceder le pardon qu'ils demandoient auec fi 
grande affection.

En la maifon & refidence d'Omure fe tiennent pour le prefent deux de nos peres , auec 
autant de nos freres, attédãt le fecours de quelques autres qui arriueront de la Chine, car 
auffi n'ont ils pas à cultiuer moindre eftendue 
de pays,& moins de bourgades, que ceux qui 
font en Naugafache. On a bafti cinq Eglifes 
en diuers lieux de cefte refidence, & le fruict 
qui fe faict en ce quartier eft grandement no-
table. Dom Barthelemy feigneur de ce pays 
receut le P. vifiteur à fon retour de Meaque 
auec grande courtoifie, & à fa requefte & des 
principaux Chreftiens. Le P.vifiteur paffa les 
feftes de Noel en Omure, lefquelles fe celebre-
rent auec grandes folemnitez,&reprefentatiõs 
accouftumees. En ces pays ont efté baptifez 
iufques à quatre cens payens , qui eftoient venus de diuerfes contrees,d'autant que ceux qui 
font nez en ce royaume font defia tous Chreftiens.



ES terres de Firando, ( lefquelles , comme 
autresfois nous vous auons efcrit, appar-

tienēt à vn seigneur Payen, grand aduersaire & ennemy de noftre loy) nous ne pouuons pour le prefent faire autre chofe qu'enfeigner quatre mille Chreftiens qui font en certaines Ifles d'aucuns feigneurs Chreftiens fes vaffaux & parens, & à iceux adminiftrer les Sacremens de penitence. En cefte refidence demeurent deux de nos peres auec quelques Iapponnois qui les aydent és feruices domeftiques, & bien que pour le prefent ils ny ayt point de conuerfion nouuelle, nonobftant le fruict n'eft pas moindre qu'és autres endrois. Par ce que outre les Ifles fufdictes, ils pouruoyent encore à vne grande eftendue de Chreftienté, que nous auons au pays du Got, qui font certaines Ifles appartenans à vn gentil qui n'eft pas moins animé contre noftre religion, que le feigneur de Firando. Outre ce leur a efté d'abondant baillee la charge de la difperfion des Chreftiés, des terres d'Achéfuche, & de Facata qui font és confins des royaumes de Cicugē & de Cicungo, d'autant que la cité de Facata, qui eftoit la plus grande & plus peuplee du Iappon (où toufiours nous auions eu vne refidence)fut ces annees paffees deftruicte & facagee par Riofogy, qui donna la bataille au Roy de Bungo, & bien que les Chreftiens furent tous defchaffez & difperfez deçà & delà, neantmoins le bon odeur d'iceux ne s'efuanouit aucunement, ainçois fepandit au long & au large par les autres contrees, de façon que deux principaux Seigneurs du royaume de Cicungo, qui eftoyēt

encores Payens, esmeus de leurs bons exem-
ples, ont requis le P. visiteur de leur enuoyer
vn predicateur pour les instruire és points de
nostre foy, ce qui a esté differé,& à l'occasion
des guerres, & par ce qu'il ny a point d'ouuriers pour suruenir à tous.

Il a pleu à nostre Seigneur d'appeller à soy
le seigneur Dom Antoine, qui estoit prince de ces peuples Chrestiens qui sont en ce
pays, lequel a tousiours esté comme la colum-
ne & vray appuy de nostre religion. Il estoit
proche parent du seigneur de Firande, homme
de grande prudence, fort puissant, & sur tout
fort bon Chrestien, nostre Seigneur luy fit vne
singuliere grace, car sur ses derniers iours il luy
enuoya vn de nos peres qui le consola, & luy
administra les saincts Sacremens,& puis le mit
en terre auec toutes les ceremonies Chrestien-
nes, qui fut vne tresgrande consolation, & à sa
femme,& à ses enfans.

*De la residence & Chrestienté d'Amacusa.*

L'Isle d'Amacusa est situee au Royaume de
Fingo lequel est separé par vn bras de mer
du royaume de Figen, & est diuisé entre cinq
Seigneurs, lesquels à present sont confederez
auec le Roy de Saxuma, & entre iceux le principal est le Seigneur d'Amacusa. Et en ceste isle
nous auons quinze mille Chrestiens, & bien
qu'auparauant nous y eussions trois residences,
toutesfois nous n'y en auons qu'vne, où de-

meurent deux de noz peres auec autant de noz
freres, & attendent tous les iours quelque nouueau secours. Ceste annee on y a dressé quelques Eglises, & encores qu'à l'occasion des
guerres noz peres ayét souffert plusieurs grāds
troubles & incommoditez, neantmoins le fruit
qu'ils y ont faict, n'a esté petit, tant en ensei-
gnant ces noueaux Chrestiens, qu'en les en-
tretenant & conseruant en la Foy : l'vn de ces
cinq Seigneurs qui commandent en ceste Isle,
lequel par le passé a esté grand persecuteur de la
Loy de Dieu, en ceste annee a commencé de se
monstrer fort courtois vers les Petes, leur promettant de se faire Chrestien, dés aussi tost que
la guerre luy donnera quelque relasche : & de
faict il monstre en auoir grand desir. Estant sur
le propos de ces quartiers de Ximo, ie trouue
bon de vous dire deux ou trois petits mots,
touchant vn petit nombre de Chrestiens qui se
retrouuent és Royaumes de Fiunga & de Saxuma, lesquels ont esté visitez par le P. à son
retour de Meaque, dont il a esté merueilleusement consolé, apperceuant la grace singuliere
de nostre Dieu qui les conserue auec si grande
edification au milieu de la gentilité. Vn d'iceux
appellé Lucas, faict sa demeure au port du
royaume de Fiunga, & ores qu'en ce lieu il n'y
ait autre Chrestien que luy, & vne sienne fille,
si est-ce qu'ils se sont tousiours maintenus en la
sainte foy, depuis l'espace de 18. ans qu'ils se firent Chrestiens : & ayans esté premierement
riches & opulens, depuis qu'ils deuindrent

Chreſtiens firent perte de la plus grande partie
de leurs biens : & finalement ceſte annee le feu
luy bruſla ſa maiſon & ce peu qu'il auoit en
icelle, ne luy reſtant quaſi autre choſe qu'vne
image du Crucifix, & vne diſcipline faicte à ro-
ſette, auec laquelle il ſe diſciplinoit par pluſieurs fois durant l'annee. Et arriuant le P. Viſiteur quelques iours apres ceſt accident, luy
monſtrerent le Crucifix & la diſcipline, diſans
que puis que noſtre Seigneur leur auoit laiſſé
ces deux meubles, ils ne ſe reſentoient aucunement de la perte du demeurant. Ils receurent
grande conſolation de voir les Peres, & incontinent ſe confeſſerent, vſans de propos fort edi-
ficatifs, dont les Peres furent bien eſtonnez, &
ſ'eſmerueilerent de leur conſtance, voyans que
en vne telle & ſi dure fortune, la foy d'iceux
non ſeulement n'auoit eſté diminuee, ains plus
toſt augmentee. Cecy faict, le P. paſſa outre
vers vn port de Saxuma, où il rencontra vn autre Chreſtien, baptiſé en Firando, il y auoit
quatre ans, lequel retournant en ſon pais ſe fit
cognoiſtre à tous pour Chreſtien, & preſchant
continuellement les miſteres de noſtre Loy
à ſa femme, à ſa mere, & à ſon ayeule, qui
paſſoit déſia quatre vingts ans de ſon aage, ne
profitoit rien, à cauſe principalement que ſa-
dite ayeule ja plus de quarante ans faiſoit
penitence à l'honneur d'Damida, & telle penitence que chaſque iour au milieu de l'hiuer
ſe leuant de ſon lict elle iectoit ſur ſa chair nuë
vn grand vaſe d'eau froide pour affliger ſon

corps. Soudain donc que le ſuſdiĉt Chreſtien
entendit la venue du P. il vint le recueillir, luy
demandant fort inſtamment qu'il luy pleuſt
enuoyer quelques vns de ſa compagnie pour
preſcher ſa famille, ce qu'il fit, enuoyant deux
de noz freres à ce faiĉt. Mais à grand peine
peurent ils obtenir la grace d'eſtre eſcoutez
pour vn peu de temps, allegant pour ſes raiſons ceſte vieille abuſee, que ce ſeroit choſe
hors de propos de perdre à vn coup tous les
merites de la vie paſſee qu'elle auoit employé
au ſeruice d'Amida, pour receuoir vne nouuelle Loy. Le Chreſtien ce pendant ſe confeſſa,
demandant au bon Dieu auec pluſieurs larmes
qui leur ouurit les yeux pour le cognoiſtre, &
d'autant que le iour enſuinant la Nauire dedans laquelle le P. voyageoit, eſtoit pour de-
marer, il ſouffroit grande affliĉtion, voyant
l'opiniaſtriſe & obſtination des ſiens. Mais le
bon Dieu vſa d'vne particuliere prouidence
vers ce bon chreſtien : car faiſant voile le Nauire le iour enſuiuãt, ſe leua vn vent ſi contraire que le Pilot fut contraint de rebrouſſer chemin, & retourner au meſme port, où il fut à la
rade quatre iours tous entiers : Le nouueau
chreſtien ſ'en eſiouit bien fort, & priant de rechef que ſa famille fuſt preſchee, il ne ceſſoit de
faire continuelle priere pour leur conuerſion,
en fin Dieu exauça ſes prieres, & leur deſſilla
les yeux, dont ils furent baptiſez auec grande
allegreſſe, auec les ſeruiteurs & chambrieres
de la maiſon, iuſques au nombre de ſeize ou

dixſept perſonnes. Le Chreſtien demeura fort
conſolé, & hauſſant les mains au ciel, & pleu-
rant à chaudes larmes, ne ſe pouuoit ſouler
de remercier la bonté du Createur. De là
le Pere ſe partit vers vn autre port, du meſme
Royaume, où il trouua vn Chreſtien, homme fort honorable, la femme duquel eſtoit encores payenne, auec vn ſien petit enfant, le pere
fut de luy receu auec grande amitié, & deux
iours qu'il y ſeiourna ſe firent treize Chreſtiés
de ſa maiſon & famille, à l'entour deſquels il
n'eut pas beaucoup à trauailler, d'autant qu'ils
eſtoient deſia bien inſtruits és poincts de noſtre Religion. Et ce qui eſt plus à noter, la femme fut tellement conſolee de voir les peres, &
d'auoir receu la loy de Dieu & ſon bapteſme,
qu'elle offrit pour le ſeminaire vn ſeul fils qu'-
elle auoit de treize ans. Le P. s'en alla depuis à
vn autre port, & la femme de Laurens, anciẽ
Chreſtien, laquelle eſtoit encores payéne, pour
n'auoir eu commodité d'vn P. qu'il luy admi-
niſtraſt le bapteſme: enuoya dire au P. que ſon
mary eſtoit allé en Naugaſache, & qu'il luy a-
uoit eſcrit qu'ariuant quelque P. à ce port, elle
ne fit faute de ſe baptiſer. Ce qu'elle fit auec
toute ſa famille, parce que deſia de long temps
elle l'auoit deſiré, & ſçauoit tresbien les prieres
que ſon mary luy auoit enſeignees. Pareillemét
vne ſienne parente, laquelle auoit ouy les predications, receut le bapteſme auec ſon mary, &
le feu commençoit à s'embraſer : de ſorte que
pluſieurs deſiroient ouyr les predications, mais

28

le temps ne le permit . Entre autres chofes qui
feruent pour l'edification, il en y a vne, de laquelle les payens eftoient fort eftonnez : C'eft
que le fufdit Laurent, depuis qu'il fe fut faict
chreftien, tous les ans és trois derniers iours de
la femaine faincte alloit fe battant auec difciplines de rofettes, & au iour de Pafques faifoit
le feftin à tous fes parens, celebrät en cefte maniere, au mieux qu'il pouuoit, les facrez iours
de la Paffion & Refurrection de noftre Seigneur. Et en tant que les peres peurent defcou-
urir de cefte nation, ils la iugerent tres idoine
& capable pour receuoir noftre loy . Nous efperons en noftre Seigneur, que ce voyage de
noz peres vers Saxuma fera fort fructueux &
profitable, & fe renouuelleront les premiers
fondemens que le bon P. maiftre François Xa-
nier pofa en cefte côtree, dés auffi toft qu'il mit
le pied dedans le Iappon. Et femble que les armes du Roy de Saxuma le vueillent pronofti-
quer, parce qu'en fes banieres & eftendarts il a
prins vne croix femblable à la noftre. Plaife au
bon Dieu qu'elle foit bien toft recognue & a-
doree pour les vrayes armes du Saluateur du
monde: & c'eft ce qui concerne les quartiers &
contrees de Ximo.



NOus auons, par la bonté de Dieu, iouy de
plus grande paix & repos ceft annee en ce
pays de Bungo, que les annees paffees: & ainfi a

prins accroiſſement la republique Chreſtienne,& en particulier noſtre compagnie. Et ores
que la guerre meuë entre Rioſogy & le Roy de
Bungo ne ſoit encores aſſoupie és autres royaumes & terres du meſme Roy, neantmoins
Bungo a touſiours eſté en paix : les guerres qui
eſtoient contre Chicaſura ſont deſia finies, &
luy deſtruit par le Roy, en vne iournee qui ſe
donna au Royaume de Cicugen. Le Roy de
Bungo print par force vne place bien munie,en
laquelle eſtoit vn des principaux Pagodes, &
des plus honorez en ces quartiers, lequel auoit
aux enuirons iuſques à trois mille maiſons de
Bonſes. Et d'autant que le Roy François leur
gardoit vne dent de laict,ſoudain il commanda
de bruſler toutes ſes maiſons,& ainſi le venera-
ble Pagode fut redigé en cendres. Apres ceſte
victoire le Roy eſcriuit des lettres au P. Viſiteur, grandement humbles, & Chreſtiennes,
confeſſant que l'iſſue tât heureuſe n'eſtoit pro-
uenue d'ailleurs que de la faueur ſpeciale de
Dieu, & des oraiſons des peres, & non ja de ſes
moyens & ſuffiſances:recognoiſſant de ſi grande affection la grace que Dieu luy auoit faicte,
qu'il luy ſembloit de ne le pouuoir iamais aſſez
remercier, ſinon en procurât de tout ſes efforts
que ſa diuine Majeſté ſoit touſiours recognue
& adoree par tous les royaumes & terres de ſon
obeiſſance. Ceſte annee nous auons baptiſé à
Bungo enuiron ſix mille Chreſtiens: Entre leſquels y auoit pluſieurs perſonnes de marque &
authorité, deſquelles depend la conuerſion de

pluſieurs autres. Les Chreſtiens ont edifié pluſieurs Egliſes , & le Roy François en a faict vne
qui eſt la plus belle & la plus riche de toutes
celles que nous auós pour le preſent au Iappó,
& n'y auons faute des œuures ſurnaturelles de
Dieu par le moyen de l'eau beniſte , qui donne
gueriſon & ſanté à pluſieurs febricitans , & deliure quelques pauures demoniacles , comme
nous dirons en autre lieu plus à propos: de ſorte que petit à petit noſtre loy prend racine en
ce quartier de Bungo, & nous encores commé-
çons à nous reſentir des conſolations correſpó-
dátes aux trauaux acerbes & facheux que nous
auons ſoufferts les annees paſſees . Le nombre
des noſtres s'eſt acreu, tant en la maiſon de probation qu'au college, & le fruict qu'on y faict
va ſemblablement tous les iours en croiſſant.
Outre le college & la maiſon des nouices, nous
auons en ce Royaume dix reſidences , deſquelles nous parlerons en particulier cy apres.

### De la maiſon du Nouiciat qui eſt en Vſuchi.

NOus auons vne maiſon des nouices en la
fortereſſe d'Vſuchi, en laquelle fut donné
commencement la veille de Noel en l'annee
paſſee, auec douze nouices, dont les ſix ſont Ia-
ponnois, & les autres Portugais, & ceſte fortereſſe eſt l'vne des plus fortes & des premieres
de Bungo , où le Roy François auec toute ſa famille faict ſa reſidence, demeurant le Roy ſon
fils auec la Cour en la ville de Funay, le P. Pro-

uincial print luy-mesme la charge de dresser ceste maison de nouices, faisant auec toute diligence que les nouices se fondassent à bon es-
cient en la mortification & vertu de nostre cõ-
pagnie : & partant toutes les exhortations qu'il
leur faisoit en langue Portugaise, se seruant de
P. Louys pour truchement, auquel Dieu a donné vne singuliere grace de dire tout ce qu'il veut
en langue Iappónoise, ne tendoient ailleurs que
à descouurir en particulier les tenebres de l'i-
gnorance esquelles sont enueloppez les Iappónois, & là les persuader d'embrasser les vertus
qui sont les plus propres de nostre religion. Ce
qu'il leur seruoit d'vne bien grande cõsolation,
mesmement à noz freres Iapponnois, lesquels
estoient tous estonnez d'vne si nouuelle doctrine d'eux iamais plus non ouye, dont ils disoient
qu'il y auoit icy ie ne sçay quoy de diuinité, cõ-
sideré qu'il les sondoit iusques au plus profond
de leur cœur, & les faisoit toucher au doigt les
grosses & lourdes erreurs esquelles ils auoient
esté detenus : & ainsi escoutoient les remon-
strances auec vne attention & deuotion singuliere. Le bon odeur de ceste maison de nouices
s'espandit bien tost par toutes les autres maisons & residences : de sorte qu'vne tresgrande
ferueur s'embrasoit de iour à autre és cœurs
des Iapponnois, tant en ceux qui sont desia de
nostre compagnie, comme és autres qui desirét
d'en estre, & par lettres demandent chaudemét
qu'on leur permette d'y venir.

En somme on ne pourroit assez amplement

expliquer le grand defir que tous monftrent
de faire fruict, & auec quelle facilité ils s'exer-
cent à la mortification, & actions d'humilité,
felon que porte la couftume de noftre compagnie, ce qui eft de tant plus grande edification
au Iappon, que moins il a efté veu iufques icy.

En cefte maifon du Nouiciat font prefente-
ment vingt de la compagnie, tant Preftres que
non Preftres. Le baftiment a efté beaucoup
augmenté, & la maifon eft toute acheuee, accompagnee d'vne Eglife, que le Roy François
fit, laquelle, comme nous auons dit, eft la plus
belle qui foit au Iappon. Le Roy y meift telle
diligence, qu'il fift venir les ouuriers de Meaque, & lors mefme qu'il eftoit à la guerre, tout
fon foin eftoit de pourueoir audit baftiment, &
de l'auancer. Finalement en quatre mois les
murailles furent dreffees, & la couuerture fai-
te, & maintenant on l'accommode par dedans.
Noftre Seigneur pour donner au Roy meilleur
courage, fit que le Pere Vifiteur retournaft de
Meaque à Bungo, au mefme temps que ledict
Roy vouloit commencer les murailles, & eftát
demeuré ledit Pere en ce lieu l'efpace de huict
iours beneift la premiere pierre, auec grande
folennité, faifant vne proceffion, en laquelle fe
trouuerent ceux de noftre compagnie du Funay, & des autres refidences, eftant de la compagnie iufques au nombre de quarante, ce qui
apporta grand ioye & contentement, tant aux
Chreftiens du pais qu'à nous tous, & grande
admiration & eftonnemét aux Gentils, voyans
fi grand

si grand nombre de noz Peres & freres, où peu
d'annees au parauant à peine en voyoit-on vn.
Plaise à Dieu de prolonger la vie à ce bon Roy,
pour plus grand accroissement de la chrestienté en ce Royaume de Bungo, où iusques icy n'y
a fautes de grandes difficultez & contradictiõs.
En la residence de Nochu, laquelle est subiecte
à ceste maison d'Vsuchi, a demeuré ceste annee vn pere & vn frere, mais pource que par
faute d'hommes, le Pere fut enuoyé ailleurs
vers la fin de l'annee, les Chrestiens de ladite
residence,& des autres lieux circonuoisins où il
y a plus de six mille Chrestiens, sont demeurez
à la charge de ceste maison, & par le moyen
d'elle sont visitez, s'en estant faicts Chrestiens
en la presente annee plus de 2500. Et veritable-
ment nous auons occasion de remercier Dieu,
voyant le fruict qui se faict en ces pais, & la
grande disposition qui est en ceste ville pour la
conuersion du pauure peuple : veu que de plusieurs pars l'on a demandé des prescheurs : Et
pource qu'il y a vne disposition vniuerselle en
ces pais pour receuoir la loy de Dieu, principalement pource qu'entre ceux qui se font faits
Chrestiens ceste annee, il y a plusieurs Gentils-hommes & personnes de grand renom, ce
qui est de grande importance, tant pour le credit que semblables personnes apportent à l'assemblee des Chrestiens, qu'aussi pour ceux qu'-
ils ont en leur gouuernement. Car quand les
chefs sont conuertis, bien aisément se conuer-
tissent aussi les subiects: Ce qui a esté cause que

la vieille Royne , comme conuaincuë , à con-
feſſé que la loy de Dieu eſtoit vne grande choſe, veu que ny elle ny ſon fils , ny les principaux
de Bungo pouuoient l'empeſcher , ains d'autát
plus qu'eux la perſecutoiét, elle alloit touſiours
croiſſant; & ce que plus la faſchoit, c'eſtoit qu'-
vne ſienne ſœur, & vn ſien beau frere ſ'eſtoient
conuertis à la Foy , ayant eſté eſmeuz à ce faire,
par l'exemple du Roy François , & par la conuerſation des Peres, qui paſſoient par leurs terres , viſitans les Chreſtiens, & n'ont peu par
prieres ny menaces empeſcher leurs ſaints propos, ains ont eſté baptiſez auec grande demó-
ſtration de ioye & contentement. Au meſme
lieu fut auſſi baptiſé vne ſœur de la Royne de
Fiunga, & pluſieurs autres perſonnes principales demeurerent auec deliberation de faire le
meſme. Pluſieurs autres Seigneurs ont eſté eſmeuz de receuoir noſtre Loy, entre leſquels eſt
le Roy de Fiunga, nepueu du Roy de Bungo,
lequel il y a quatre ans qu'il fut chaſſé de ſon
royaume par le Roy de Saxuma, & luy & ſa mere ſe retirerent à Bungo, & maintenát demeurent à Vſuchi. Le Roy eſt de ſeize à dixſept ans,
& bien ſouuent traicte auec noz Peres, & tant
luy que ſa mere demandent d'eſtre baptiſez:
Mais pource qu'il y a encore pluſieurs vaſſaux
de ſon coſté, dont il a encores quelque eſperance de rentrer en ſon eſtat, à quoy luy feroit
grand empeſchement ſi maintenant il ſe faiſoit
Chreſtien, pour ceſte raiſon & autre il a ſem-
blé bon à noz Peres de l'entretenir & dilayer,

iusques à ce que Dieu nous ouure quelque bon
moyen, afin que plus asseurément cela se face.
Fut neantmoins baptisé vn sien frere aagé enuiron de 14. ains que le Pere visiteur enuoya,
pour estudier au Seminaire d'Azuciama, qui
est la ville principale de Nobunanga. Cet-
tuy-cy est le ieune Seigneur qui deuoit aller à
Rome auec les autres qui sont en chemin, mais
il ne vint pas à temps de Meaque, comme il a
esté dict.

Vn autre ieune Prince de quinze ou seize
ans qui est le troisiesme fils du Roy François, a
vn tresgrand desir de se baptiser, ce que desia
auroit esté faict, si le Prince son frere à l'instance de sa mere ne l'eust empesché. Or combien
qu'il soit resolu de ne retourner en arriere, &
que son desir soit d'estre baptisé au plus-tost
que faire se pourra: toutesfois il a semblé à noz
Peres de le retenir pour quelque temps, maintenant il s'est retiré à Vsuchi, auec le vieil Roy
son pere, où il me semble que plustost son desir
sera mis en effect, mesme pource que le Pere
François Cabral par les dernieres lettres que
le Pere Visiteur escriuit, disoit, que quoy qu'il
y deust auoir de la contrarieté, il s'estoit neantmoins resolu de se baptiser. Vn autre seigneur
de mesme aage, & de non moindre importance, a eu le mesme desir depuis quelques iours,
qui est le fils & heritier d'vn de principaux Seigneurs de tout Bungo. Ce ieune homme a vn
grand pere qui est le principal Gouuerneur, &
Conseiller du Royaume, lequel a tousiours

esté, & est encores l'vn de plus grands aduersai-
res que nous ayons en ces quartiers, & qui plus
nous faict la guerre, voire plus que la mesme
Iezabel, taschant par toutes voyes de destruire
& mettre à neant nostre saincte Foy, d'autant
qu'il est fort addonné à la superstition des Camis & Fotoches. Mais Dieu qui sçait fort bien
chastier a disposé la conuersion de ses propres
enfans, pour le plus affliger, ou bien par aduen-
ture, pour par ce moyen le sauuer : Car il y a
trois ans qu'vn de ses deux enfans ayant entédu
la predicatió, eut telle cognoissance des choses
diuines, que non seulement il fut baptisé & demeure Chrestien : mais aussi il est vn des meilleurs Chrestiens que nous ayons à Bungo, lequel a pour femme la belle fille du Roy François, fille de la femme qu'il a maintenant. Ce
Seigneur Chrestien est tellement desireux de
conuertir tous les siens, que trouuant son pere
& sa mere fort contraires à sa religion, il tascha
d'esbranler ce sien nepueu, fils & heritier de
son frere, lequel comme plante nouuelle est
plus idoine pour estre cultiué, & l'esbranla de
telle sorte, que le ieune homme ne desiroit
autre chose, que d'entendre quelque predication, mais se voyant empesché par la haine
cruelle que son ayeul porte à la doctrine de
nostre Seigneur, il enuoya à Funay des seruiteurs, desquels il se fioit bien fort, afin qu'auec
attention il entendissent les predications, & fi-
delement les luy rapportassent, & par ce moyé
il vint à sçauoir que c'estoit de la doctrine que

noz Peres prefchoient, les feruiteurs firent ce qu'il leur auoit commandé, dont luy entendant leur rapport, fut tellement efmeu de noftre Seigneur, qu'il demeura fort affectionné à noftre Loy, & totalement refolu d'eftre Chreftien. Traitant de cecy auec lefdits feruiteurs, eux luy dirent que fon pere & fon ayeul prédroient cela en fort mauuaife part, luy remonftrans les dómages & ennuis qui luy en pourroient venir. Luy entendant celà entra en telle ferueur, que tirant vn coufteau qu'il auoit à fon efpee, foudain fe tailla la peau du bras en forme de croix, difant que pour leur monftrer qu'ils pouuoient f'affeurer qu'il feroit Chreftien, il auoit faict icelle croix en fon bras, afin que ce figne fuft toufiours en fa perfonne, & iamais ne fe peuft ofter de fon corps, chofe certainement de grád courage pour vn ieune homme, dont l'on peut voir combien les Iapponnois font genereux. Finalement traictant par diuerfes ambaffades auec noz Peres, nous entendifmes par les dernieres lettres comme il auoit arrefté auec le P. François Cabral, qu'il f'en iroit à Vfuchi auec licence de fon pere, fouz pretexte de vifiter le fils du Roy François, & que là il acheueroit d'ouir les predications, & fe baptiferoit. Eux defia l'attendoient, combien que le Pere François ne fuft encore refolu f'il le baptiferoit fi toft, iugeant fans doute que pour cecy beaucoup de contrarietez & troubles f'efmouueroient à Bungo. Ce nonobftant le Roy François print fur foy de faire que le ieune Roy &

l'ayeul s'appaiseroient, afin de mettre en effect
les desirs de ces deux ieunes Seigneurs. Le Pere
Visiteur escrit au Pere François, qu'il face en
cecy tout ce qu'il semblera bon au Roy, ou de
les entretenir, ou de les baptiser soudain. Plaise à Dieu de conduire à fin leur conuersion, car
estant si grands Princes & Seigneurs de tant de
peuple, leur conuersion est de grande consequence pour la Chrestienté. En la conuersion
de ces Seigneurs & Princes, & en l'aduancemét
de la sainte Foy en ces quartiers de Bungo sont
aduenues beaucoup de particularitez, qui peuuent apporter grande edification & consolation, tant à nous qu'à noz freres d'Europe, mais
pour ne faire la presente trop longue : Ie ra-
conteray seulement deux choses, l'vne pour
voir combien les Iapponnois sont genereux
en courage, & deuotieux Chrestiens : l'autre
pour faire entendre aux Lecteurs quelque partie de la grace & influence du Sainct Esprit
sur ces Chrestiens. Quant à la premiere il aduint qu'estant le Pere Visiteur à Vsuchi, ou par
cas d'auanture, ou comme lon le tient plus certain par le moyen de Iesabel & ses fauteurs, vne
heure deuát le iour, le feu se print aux maisons
du gendre du Roy François, duquel nous auós
parlé, & par ce que les maisons du Iappon sont
d'ais, combien qu'ils fussent bien grands Seigneurs & fort nobles, ce neantmoins en bref
toutes furent bruslees, à peine se sauuant les
personnes sans aucune autre chose de tout ce
qui estoit dedans. Nous ressentismes grande-

ment ce dómage de Consalue Faxanindono, car
ainsi s'appelle ce Gentilhomme, aagé de vingt
cinq ans, ayant pour femme vne Dame des
principales, aagee de quinze ou seize ans, tous
deux si bien affectionnez à nostre compagnie,
& si bons Chrestiens, qu'ils nous donnoient
occasion de grande compassion. Et ce que plus
nous ressentions en ce faict, c'estoit de voir la
grande ioye que son pere nostre cruel aduersaire & la Iesabel en auoit, attribuant cest euene-
ment aux Chrestiens de Camis & Fotoche,
pource qu'eux s'estoient faicts Chrestiens : car
ainsi ont ils coustume de parler. Le Pere visiteur manda soudain vn de noz freres Iapponnois, afin que de sa part il s'informast du cas, &
les consolast de la perte des maisons, & de tout
le meuble qu'ils auoient, n'ayans peu sauuer
mesme la prouision qu'ils auoient recueillie
pour toute l'annee, à quoy ils respondirent que
si le Pere Visiteur leur auoit compassion de la
perte qu'ils auoient faicte, qu'il leur donnast
vn grain beneist de Boheme, que depuis plusieurs iours auec grande instance luy auoient
demandé, & par ce moyen eux tiendroient la
perte de leurs maisons, & de tout le reste, pour
bien aduenue, & que puisque par prieres ne l'a-
uoient peu obtenir iusques à present, cognois-
sans bien qu'ils en estoient indignes, ils tiendroient pour grandes richesses, si le Pere Visiteur les voyant estre priuez de leur bien, par
compassion & pour leur consolation leur donnoit ledit grain de Boheme. Le mesme Faxa-

40

nindono s'en alla incontinent voir noz Peres,
auec vn visage aussi ioyeux , comme s'il n'eust
perdu chose aucune, faisant la mesme ambassa-
de au Pere Visiteur de la part de sa femme , &
monstrant ledit Pere de luy vouloir donner ledit grain beneist , soudain s'en retourna porter
la nouuelle à sa femme, demeurans tous deux
si contens , que plus l'on ne pourroit desirer,
asseurans qu'ils n'auoient aucune occasion de
ressentir la perte de leur maison , puis qu'ils
voyoient que c'estoit vne grace de Dieu , afin
que par ce moyen le Pere Visiteur fust esmeu
à pitié, & eux receussent le grain que de si long
temps ils auoient desiré. Leur deuotion si grā-
de, & la ioye qu'ils monstroient, causa vne grā-
de admiration au P. Visiteur, & aux autres noz
Peres & freres, veu que la perte estoit telle,
que les mesmes Peres ne pouuoient dissimuler
la melancolie qu'ils en auoient , & eux au contraire estoient si contens auec le grain, qu'ils iu-
geoient que leur perte fust bien employee.

La seconde chose fut, qu'il y eust au Nochu
vne femme payenne ayant le diable au corps,
laquelle estant entre plusieurs Chrestiens qui
l'enuironnoient, suruint ce bon chrestien de
Nochu, nommé Seano (duquel autrefois nous
auons escrit ) & luy mit vn reliquaire au col en
coniurant le diable, qui soudain se partit. Le
diable tourmentant la femme auec plusieurs
gestes hideux & espouuëtables, disoit plusieurs
choses, se plaignant des tourmens que luy donnoient ces reliques. Seano prenant occasion de

ce que l'esprit disoit, luy fit aucunes interroga-
tions, l'vne desquelles fut, où alloient les Gentils apres la mort, & quels tourmens ils endu-
roient : à quoy le Demon respondit, qu'ils alloient à l'enfer, & que les tourmens estoient
en grand nombre, & fort grands, principalemét
de feu & de froid : & ainsi qu'il disoit combien
estoient grands les tourmens de feu, soudain la
femme deuint toute enflambee comme vne
braise, commençant à fumer & suer par tout
son corps, tellement qu'il sembloit qu'elle cre-
uast. Puis apres voulant monstrer quels sont les
tourmens du froid, auec vn changement soudain elle commença incontinent à battre les
dents, & trembler de tout le corps, deuenant
aussi froide, comme si elle eust esté long temps
dedans la glace. Ainsi en disant plusieurs autres
choses de la puissance de Dieu, & de la crainte
qu'il auoit des reliques, & des grands biés desquels les bons Chrestiens iouyroient, il sortit
du corps de la femme, & la laissa libre : Laquelle auec plusieurs autres Gentils qui estoient là
presens, & autres qui par apres le sceurent, se
conuertit à la Religion Chrestienne, demeurant par ledit exemple la loy de Dieu en grande estime en tous ces quartiers là. Autres posse-
dez du Diable ont esté aussi deliurez, & plusieurs malades allans à l'Eglise, lors que la fieure les souloit prendre, s'en retournoient sains
à leur maison. Vn Payen fut en pelerinage à vn
Pagode, pour obtenir la guerison d'vne fieure
qui le tenoit, & s'en retourna, non-seulement

44

auec sa fieure, mais aussi auec vn Diable au
corps, lequel le tormenta si fort, qui fut quasi
pour tuer les siens, sans pouuoir estre retenu:
dont estant persuadé par vn Chrestien de se có-
nertir à Dieu, & que par ce moyen il trouue-
roit remede à son mal, il fut baptisé, & fut deliuré du diable & de son infirmité. Nous auons
ordonné en la presente annee pour l'aide des
Gentils-hommes de la forteresse d'Vsuchi, que
le Dimenche au soir ils s'assemblent à nostre
maison, où par l'espace d'vne heure, on traicte
auec eux des choses spirituelles, & à cest exercice assiste vn de noz Peres, leur faisant quelque bonne lecture, & quelques conferences sur
icelle, & des-ja nous entendons qu'en peu de
temps l'on tirera grand fruict dudit exercice,
lequel on estime estre de grande consequence
entre ces nouueaux Chrestiens.

*Du Collège de Funay, & des residences d'Yu.*

LA cité de Funay qui est enuiron de 8000.
feux, est distante de la forteresse d'Vsuchi
six petites lieuës. Et ceste cité est la principale
de Bungo, & en icelle reside maintenát le ieune
Roy auec toute sa Cour, où il ordonna l'an passé le commencement d'vn Collège, comme
des-ja il fut escrit, auquel pour le present se
tiennent 13. des nostres, tant Prestres que non
Prestres. Et outre l'exercice de la lágue Latine,
en laquelle on a faict grand fruict, on y vacque
aussi à la langue Iapponnoise, auec telle dili-

gence que dès ja tous parlent & preschent af-
seurément en Iapponnois. En la presente annee on a faict beaucoup pour aider à apprendre la langue Iapponnoise : car on a dressé vn
dictionnaire, & quelques traictez, auec vn Ca-
techisme en ladite langue, afin que noz freres
fussent mieux instruits aux choses de nostre
foy, &mieux y peussent catechiser les chrestiés.
Ce college comprend plusieurs lieux des Chrestiens, lesquels sont és enuirons de Funay six
lieuës loing, & aussi la residence d'Yu, qui est
à dix lieuës de Funay, entretient autres lieux du
pais de Cussu, qui est vne partie bien impor-
tante des confins de Bungo, loing de Funay
vingt lieues. En tous ces lieux il y a enuiron
cinq mil Chrestiens, desquels les deux mil cinq
cens ont esté faicts en la presente annee, & plusieurs d'entre eux sont personnes des plus notables. Par ce moyen s'est ouuerte vne grande
porte pour la conuersion : Et quand les ouuriers que nous attendons d'Europe seront ve-
nuz, le nóbre s'augmentera grandement, quoy
que nous n'ayons pas faute de persecutions:
Mais pourueu que nostre Seigneur donne vie
au Roy François, lequel la diuine prouidence
a esleu pour pillier de la Religion Chrestiéne à
Bungo, facilement toutes les difficultez se sur-
montent, puis que nous voyons que depuis
deux ans en ça, il s'est faict plus de fruict à Bungo par son moyen, qu'en trente ans au parauát,
pendant lequel temps, á peine le nombre des
Chrestiens arriuast à deux mil, gens de basse

condition, & maintenant le nombre passe dix mil, entre lesquels plusieurs sont fort grands Seigneurs.

Il y à loing de la ville de Funay 6. mil, vn lieu nommé Chuta, le Seigneur duquel est bon Chrestien, ayant pour femme vne fille du Roy de Bungo, laquelle se fit chrestienne, plus pour contenter son pere, que pour zele de nostre saincte foy, dont elle n'auoit de chrestien, sinon le nom, se gouuernant au reste par le conseil de la Iesabel sa mere. Parquoy elle estoit plustost contraire aux Chrestiens que autrement, & d'autant que le mary ne faisoit aucune chose sans elle, non-seulement l'on ne pouuoit faire aucun fruict en ce lieu là, mais aussi les seruiteurs & tous ceux de la maison estoient Payēs, mesme vne sienne petite fille heritiere de la seigneurie, laquelle quoy qu'elle fust desia de trois ans, la mere neantmoins ne voulut iamais consentir qu'elle fust baptisee, dont le ʀoy Frãcois auoit quasi perdu l'esperance de pouuoir aider ceste sienne fille, & voicy que nostre Seigneur permist lors, que le diable entra en vn beau frere de la sœur de son mary, lequel par le moyen d'vn reliquaire qu'vn Chrestien luy ietta au col, fut deliuré, & se conuertit soudain, combien qu'vn peu apres il mourut. De ce fait nostre Seigneur fit sortir grand bien en ce lieu là, pource que premierement la mere du defunct, & la belle mere de ceste Dame se determinerent d'entendre les predications, & elle par l'exortation du Roy François, & persüasion

du Pere Viſiteur determina de baptiſer ſa fille,
& enuoyant le pere au prealable vn preſcheur
pour Catechiſer ceux qui ſe vouloient faire
Chreſtiens, il y alla par apres, & auec grande
feſte & ſolennité baptiſa la petite fille de Euin-
tadono & ſa mere, & pluſieurs autres Gentils-
hommes & perſonnes d'auctorité, croiſſant
tellement la ferueur, qu'en peu de iours furent
baptiſez mil deux cens perſonnes, ne reſtant
quaſi plus aucun de la Nobleſſe qui demeuraſt
Payen. Il y eut des conuerſions fort notables
de quelques vns, qui auoient eſté grāds ennemis
du nom chreſtien, & fut tel le zele des chreſtiés,
que ſoudain ils ſe reuolterent contre Camis &
Fotoches, gaſtant & bruſlant tous ceux qu'ils
trouuerent en la ville, ils emporterent quaſi
deux charges des petits en noſtre college, où
eſtoit le Pere Viſiteur, & ayant allumé vn grād
feu les bruſlerent tout auec grande allegreſſe.
Et certainement c'eſtoit choſe merueilleuſe
que de voir le grand contentement que les
Chreſtiens monſtroient en ce faict, donnant
ceux qui nouuellemét eſtoient conuertis, leurs
ſuperſtitions, images & lettres d'aſſeurance qui
leurs auoient eſté baillees & ſignees pour l'autre vie par leurs Bonzes. Furent auſſi baptiſees
les principales Dames de la maiſon de la Dame
du lieu, à laquelle moyennant la conuerſation
de noz Peres, & la ferueur des chreſtiens, & les
Meſſes & prieres qui ſe faiſoient audit lieu,
noſtre Seigneur changea tellemét le cœur, qu'-
elle ſe fit vrayement Chreſtienne, & auec tel

46

changement, qu'elle monftre bien que fa conuerfion eft vraye. Eftant elle & fon mary perfonnes fi principales au Royaume de Bungo, comme elles font, & ayant fouz leur obeiffance plufieurs Seigneurs & Gentilshommes, fut grande la reputation & l'opinion, que par ce faict acquift la religion Chreftienne à Bungo. Ils y feirent foudain audit lieu vne Eglife, pour laquelle ils demanderent à grande requefte vn Pere, mais pource qu'on ne peut tenir tant de refidence, les Peres du College ont charge d'y aller dire Meffe & prefcher.

Le Roy François fut fort confolé par la conuerfion de fa fille, & du demeurant de fa ville, & au contraire la Iefabel fut dolente. Nous efperós en noftre Seigneur qu'elle verra encore plus grandes chofes. Car en la maifon d'vne autre fienne fille on a defia commencé de conuertir aucunes perfonnes : entre lefquelles eft vne dame de grand credit, laquelle luy gouuernoit fa maifon, & à fa perfuafion & du Roy François & de Madame fa fœur, elle s'eft quafi rédue. Et combien que fa mere & le ieune Roy fon frere s'eftudient grandement à empefcher l'execution de fa conuerfion, toutefois nous efperons en noftre Seigneur, que non feulemét cefte cy, mais auffi tous les autres enfans en bref fe conuertiront.

En ceft an s'eft faict grand fruict en vn autre lieu, qui eft à trois lieues loing de Funay, & à diuers villages, qui font diuifez entre fept feigneurs, lefquels font chefs dudit lieu principal.

Entre ces seigneurs est vn Pantaleon Norindono, lequel, comme nous escriuismes l'an passé, eschappa miraculeusement en la bataille de Fiunga estant payen, l'ayant vn sien seruiteur trouué entre les morts, & conduit auec peu d'esperance de vie, lequel Dieu esleut pour son instrument, afin qu'il le seruist comme il le sert. Car outre ce qu'il s'est baptisé auec les gens dudit lieu, il fit aussi en ce lieu là vne Eglise à ses despens, & auec son bon exemple & persuasions: Et aussi par la conuersation que noz P. & F. ont en ce lieu, se conuertirent à la foy deux autres de ces seigneurs, auec plus de deux cens cinquante personnes, & vn autre se reduit & reprint courage. Lequel à cause de la persecution des annees passees, & à la ruine de Fiunga estoit tourné en arriere, & maintenant cognoissant sa faute, est reuenu ouyr les sermons auec cent cinquante vassaux, & s'est reconcilié à l'Eglise: dont tous ces enuirons ont esté si esmeus, que nous esperons en bref leur entiere conuersion, & qu'en ces quartiers nostre sainte foy fera grand progrez.

L'on n'a pas faict moindre fruict ceste annee en la residence de Yu, où (comme dit est) resident vn P. & vn f. Ce lieu a plusieurs villes qui sont diuisees en quatre Tonos, qui signifie en leur lágage seigneuries, & sont comme Duchez ou Marquisats en Europe. En ce lieu l'on commença l'an passé d'ouurir la porte par le moyé du mesme Pantaleon, qui a illec son pere & vn sien frere, lequel est vn des quatre Tonos,

& furent conuertis l'an passé auec autres mil,
comme lors fut escrit. Ceste presente annee nostre foy est tellement estendue, que les autres
trois Tonos qui restoiét ont esté baptisez, auec
plus de mil hômes tous nobles : Entre lesquels
estoient les principaux de ces quartiers là, &
ceux qui restent qui seront de cinq ou six mil
ames, en brief se baptiseront, & ont tous resolu de faire vne grande Eglise. En ce lieu sont
aduenues ceste annee choses fort notables, car
plusieurs malades par la vertu de l'eau beniste,
& autres en allant à l'Eglise, & se recomman-
dant à nostre Seigneur, s'en retournoient en
leur maison deliurez de leur infirmité. De ces
malades qui ont ainsi recouuert la santé, il y en
a eu plus de cent, entre lesquels fut vn Payen,
lequel entendant que les Chrestiens se gueris-
soient en ceste façon, s'en alla à l'Eglise demander le mesme remede, & luy disant le Pere, que
l'eau beniste qu'il demandoit, estoit remede
pour les Chrestiens, qui ont la foy, il fit res-
ponce qu'il luy donnast, pource qu'il l'auoit,
pource qu'il auoit esperance en nostre Seigneur, que par ce moyen luy mesmes encores
receuroit santé, & ainsi luy en aduint. Parquoy
auec toute sa famille il fut incontinent baptisé.
Aussi plusieurs autres estoient gueris, recouans
l'eau du Sainct Baptesme. Par le moyen des reliques & de l'eau beniste, quelques Chrestiens
dix ou douze demoniaques furent gueris, entre
lesquels estoit vne Chrestienne, laquelle estant
fort froide en la foy, fust possedee du Diable,
dont

dont elle rouilloit fort les yeux, tordoit la bouche, & respondoit à diuerses demandes, que luy faisoient les Chrestiens, la contraignât auec vn reliquaire qu'ils luy mettoient au col, elle leur dit plusieurs choses des peines d'enfer, & comme les Payens estoient en la puissance du diable, auec lequel ils s'en alloient estre tourmentez en enfer, & aussi qu'il n'auoit aucune puissance sur les bons Chrestiens, nommant quelques vns d'iceux, disant qu'ils estoiét bons Chrestiés, & qu'il ne pouuoit entrer dedãs eux, ne les posseder, & que les autres qui estoiét Chrestiens de nom seulement, il les tenoit souz sa iurisdiction, reuelant quelques choses secretes, qu'ils faisoient, tant bonnes que mauuaises, dequoy ils demeuroient tous estonnez. Finablement tous les Chrestiens qui estoient là presens dirent à haute voix vn Pater noster, & vn aue Maria, demandans à nostre Seigneur la guerison de ceste demoniacle, qui demeura du tout deliuree, & dés lors commença à faire vne nouuelle vie, ce qu'elle continue comme vne bonne Chrestienne. Par ces faueurs que nostre Seigneur faict à ceste nouuelle Eglise, les Chrestiens vont augmentant en la foy, & les Gentils conçoiuent grande opinion d'icelle. De cette residence en sortit grand profit en vn autre lieu de plus d'importance, nommé Euchu, qui est à douze lieues de Yù, où il y a plusieurs bourgades à diuers Seigneurs, desquels l'vn fut baptisé, ensemble cent cinquante personnes, & les autres esbrález pour faire le semblable, de-

d

quoy le Roy François se resiouyt grandement,
asseurant, qu'auec l'aide de Dieu, tout Bungo
se côuertira bien tost. D'autres gentilshommes
qui demeurent à l'entour de Funay, se sont conuertis ceste annee, entre lesquels fut aussi la mere d'vn cousin du Roy Iean, le fils de laquelle il
y a trois ans qu'il est Chrestien, & maintenant
elle auec ses deux filles & ses gendres s'est faict
baptizer, ce qui a donné à tous occasion de
grand côtentement & ioye en nostre Seigneur.

Il aduint vne chose en la cité de Funay, qui
semble presager la destruction qui se doit faire
des idoles Camis & Fotoches, & l'exaltation
de la sainte Eglise : pource que la principale
Varelle, ainsi appellent ils les remples de leurs
idoles, laquelle estoit la plus riche, & quant à
la fabrique, & quant au reuenu, qui fut aux
Royaumes de Bungo, & estoit bastie au plus
beau lieu de la cité, en la mesme semaine que
nous mismes la premiere pierre de l'Eglise
d'Vsuchi, fut totalement bruslee en vne nuict.
Aussi en ce temps là, que le Roy commençoit à
fonder la principale Eglise des Chrestiens, la
principale varele des Gétils se conuerist à l'improuiste en cendres, & semble que ce fust vn
presage, de ce que nostre Seigneur deuoit faire
à Bungo : par ainsi semble, que le pareil se va ef-
fectuant, pource (comme auons dict) auec le
depart du Roy François qui alloit à la guerre,
le Pagode du Royaume de Bungo fut bruslé,
qui auoit à l'entour trois mille vareles de Bonzes, & estoit la principale chose de ce Royaume

là. Et pource que ceſte varele de Funay eſt tant
renommée, afin que de rechef elle ne ſe vint à
repeupler, par le conſeil du Roy François, ceſte
affaire a tellement eſté mené, que le Roy Iean
a partagé le reuenu d'icelle entre les gentilshó-
mes, & a donné la place gratuitement à vn Seigneur Chreſtien, parquoy les ʙonzes ont perdu
toute eſperance de la pouuoir iamais r'auoir.

## *Des maiſons & reſidences des parties de Meaque.*

LE fruiɕt qui ſ'eſt faiɕt ceſte annee aux parties de Meaque, n'eſt moindre que celuy que
nous auons diɕt du coſté de Ximo, & de Bungo,
ains que comme Meaque eſt de tant plus eſtimé par tout le Iappon, pource que la Cour y
faiɕt ſa reſidence, & ſ'y expedient les affaires
principaux, auſſi le fruiɕt qui ſ'y faiɕt, eſt de
plus grande importance pour l'aduancement,
qu'en acquiert la ſainɕte Loy & Religion chreſtienne.

En ces quartiers là y domine y a pluſieurs annees, vn Seigneur nommé Nobunanga, lequel
auec ſa puiſſance & hardiſſe d'vn petit Royaume qu'il auoit, ſ'eſt faiɕt en peu de temps Seigneur de toute la Monarchie du Iappon, &
commande à preſent ſur trente quatre royaumes, & neantmoins en va touſiours conque-
ſtant d'autres, eſperant meſmes ſe faire ſeigneur
de tous ceux qui reſtent. Il eſt tellement craint
& reueré de toute la nobleſſe, & de ceux qui
ont auɕtorité au Iappon, & que combien que

ſes ennemis luy offrans des conditions fort ad-
uantageuſes pour gaigner ſon amitié, il ne re-
çoit toutesfois aucune condition, ſinon que
comme ſeruiteurs il luy rendent obeiſſance.

Il ſemble que ceſt homme a eſté eſleu de
Dieu, pour preparer & diſpoſer le chemin à
noſtre ſainᵈ̧te Loy, ſans que luy meſme enten-
de ce qu'il faiᵈ̧t, pource que non-ſeulement il
faiᵈ̧t peu d'eſtime des idoles Camis & Fotoches, auſquels les Iapponnois ont ſi grande deuotion, mais outre cela eſt capital ennemy &
perſecuteur des ʙonzes : car comme ils viuoiét
en diuerſes ſeᵈ̧tes fort riches & puiſſans, & eſtás
ſeigneurs de grandes fortereſſes & villes fort riches, luy feirent telle reſiſtance, que par pluſieurs fois le meirent en grande faſcherie, &
n'euſſent eſté les ʙonzes, il ſeroit ja ſeigneur de
tout le Iappon. Pour ceſte cauſe il eſt tellemét
animé contr'eux, que ſelon les effeᵈ̧ts que nous
voyons, il ſemble qu'il pretende de les extermi-
ner du tout, & a des-ja ruiné les principales
vniuerſitez qu'ils auoient au Iappon, leur bruſlant infinies Vareles, & departant le reuenu d'i-
celles entre les Soldats & Capitaines, & va exe-
cutant ſon deſſein, ſelon que le temps luy donne la commodité : Et comme il eſt ſi puiſſant
& redouté de tous, par le meſme chemin qu'il
chemine, par celuy la meſme precedent les autres Seigneurs, de façon que luy d'vn coſté, &
la loy de Dieu de l'autre vont decouurant les
faucetez des Bonzes, & de leurs ſeᵈ̧tes, demeurant l'auᵈ̧torité & ſuperſtition de leurs loix fort

abbatue. D'autre part , Nobunanga d'autant qu'il eſt plus capital ennemy des ʙonzes , & de leur ſecte, d'autant eſt il plus affectionné à noz Peres , qui preſchent la loy de Dieu: de là vient qu'il faict à tous ſi grandes faueurs, que ceux de ſa ſuitte ſont eſtonnez , ne pouuans comprendre ce qu'il pretend faire par ce moyen. Ceſte annee il nous a faict des benefices & faueurs ſignalez , par ce qu'il ɴous a accordé dedans ſa principale fortereſſe d'auoir vne place fort cómode pour y baſtir vne maiſon , & vne Egliſe, ce que iamais n'a voulu permettre à pas vn ʙonzes du Iappon. Il feiſt auſſi grand honneur au Pere Viſiteur , qui pour lors viſitoit les parties de Meaque, ce qui a grandement augmenté la reputation de Peres,& de la religion chreſtienne, pource que tous prenent pour loy & reigle ce qu'il faict , & pource il donne auctorité à noz affaires , & croiſt la reputation de noſtre loy enuers tous les Seigneurs du Iappon. Le Prince ſon fils auec vn ſien frere , nous ont auſſi faict ceſte annee de grandes faueurs.

Ceſte annee on a fort aduancé les baſtimens de nos maiſons: car comme nous n'euſſions ces ans paſſez en ces quartiers là , que la ſeule reſidence de Meaque , nous en auons maintenant quatre, aſſauoir la maiſon & le Seminaire d'Auzuchyjama, qui eſt la principale de tout le Iappon , & vne reſidence au Royaume de Ciunachumi , qui eſt és terres de Iuſte Veundono , & vn autre au royaume de Cauarſi, qui eſt à diuers Seigneurs Chreſtiens. Le nombre de tous les

d iij

chreſtiés de ces quartiers là, eſt enuiron de vingt
cinq mille, deſquels ont eſté baptizez ceſte annee plus de quatre mille. Outre cela le nombre
des noſtres ſ'eſt augmenté : car de huict qu'ils
eſtoient au commencement, ils ſont maintenant quatorze, cinq Peres, & neuf freres. On a
faict quelques miſſions en diuers Royaumes,
ouurant vne nouuelle porte à la Chreſtienté,
en ces pays là, ce que iuſques à maintenant ne
ſ'eſtoit peu faire, comme a eſté au Royaume de
Farima, & de Iohigen. On feit auſſi deux miſſions au Royaume de Mimo, & de Voari, là où
pluſieurs ſe ſont conuertis. Le Seminaire pro-
cede auec les meſmes reigles & maniere de faire que celuy d'Arima.

Quant aux quartiers de Meaque, ils ſont
fort commodes pour y faire augmenter la loy
de Dieu, tant pour y eſtre la terre fertile, & a-
bondante en toutes choſes, & les Roys & ſeigneurs d'icelle fort riches & puiſſans, comme
auſſi pour y eſtre le peuple le plus genereux,
plus enclin à la vertu, & mieux né de tout le
Iappon : & par ainſi on peut eſperer que là ſe
fera plus grand fruict, que du coſté de Ximo &
de Bungo, qui ſont terres moins riches, & com-
munemét ſubiectes à vn ſeul ſeigneur. Et pour
ceſte cauſe toutes les ſectes du Iappon auoient
faict à Meaque leur principal fondement, &
depuis auec grande authorité s'eſpandoient facilement par toutes les autres contrees. Qui a
eſté cauſe que le P. Viſiteur a determiné que
nous deuons faire le ſemblable, en procurant

d'eſlargir, auec grand ſoing & diligence, la loy
de noſtre Seigneur en ces pais là, pour-autant
que ſi noſtre ſaincte foy commence vne fois à
mettre icy bonnes racines,il ſera fort facile que
elle s'eſtende par tout le Iappon, parce que les
Chreſtiens de ces quartiers par deçà ſurpaſſent
de beaucoup en deuotion & reuerence enuers
l'Egliſe, & noz peres,tous les autres du Iappon.
Ce que particulierement s'eſt vne fois veu: Car
comme le P. Viſiteur allaſt pour celebrer vne
feſte en certain lieu, vindrent au deuant de luy
vingt ou vingt-cinq lieues loing, & s'aſſembla
vne infinité de peuple,qui donnoit grande conſolation de voir auec quel amour & vnion ils
parloient enſemble, quelle reuerence ils portoient à noz Peres, & auec quelle charité ils ſe
logeoient l'vn l'autre. Ce iour de feſte le ſeigneur du lieu fiſt vn grand & ſomptueux banquet, où il donna à manger à plus de mille perſonnes : & monſtrerent ſi grand ſigne d'amour
au P. Viſiteur, & le remercierent de telle affection, pour auoir prins la peine de les viſiter,
qu'ils luy vouloient faire compagnie iuſques à
Bungo, & pour ceſt effect ils preparerent cinq
barques fort commodes pour côduire le Pere :
toutesfois pource quil eſtoit en vn grand vaiſ-
ſeau du roy Frãçois,ne fuſt pour lors de beſoin:
combien qu'à ſon retour ils feirent tant qu'ils
les luy baillerent. Et au chemin par où il paſſoit en viſitant, il eſtoit touſiours accompagné
de grande multitude de Gentilshommes, qui
luy venoient au deuãt, luy faiſant grãde careſ-

se,& bon acueil:& ne se pouuoit deffaire d'eux,
leur disant qu'il n'estoit necessaire d'vser en son
endroit de tant d'honneurs, caresses & faueurs,
à quoy ils respondoient, qu'aux peres qu'ils a-
uoient en lieu de Dieu sur la terre, & qui a-
uoient soing de leurs ames, ne pouuoient faire
tant de caresse, ne porter si grande reuerence &
respect,comme ils deuoient,& principalement
veu qu'ils venoient de si lointains pays sans
aucun profit:mais au contraire auecques grandes despences, endurans tant de trauaux & dangers, pour leur monstrer le chemin de salut:&
que si lors qu'ils estoient Gentils, ils portoient respect aux Bonzes, qui les trom-
poient, il estoit bien plus raisonnable de faire
ce qu'ils faisoient aux Peres. Parquoy estant
gaigné par leurs raisons, estoit contraint de
se laisser gouuerner à leur mode. Outre cela, la deuotion qu'ils portoient aux reliques,
images, & grains benits, estoit si grande, que
le Pere Visiteur estoit tout esmerueillé de
veoir les Gentilshommes & Seigneurs principaux aller vingt ou vingtcinq lieues apres luy
auec prieres & importunité pour auoir vn
Agnus Dei,vne image,vn grain beneist.Faisans
oraison, disciplines, & autres penitences pour
la mesme fin:& pource qu'il y a plusieurs choses
particulieres,qui peuuét dóner edificatió,ne les
pouuant toutes traicter pour cause de brieueté,
i'en escriray seulement deux, par le discours
desquelles on puisse entendre quelque chose du
bon progrez des Chrestiens de pardeçà.

La premiere eft, d'vne grande Dame fort riche & noble, femme d'vn des principaux Chreftiens, que nous ayons en ces quartiers icy, Seigneur de beaucoup de vaffaux, ayant grand reuenu, & remarqué non moins pour bon Chreftien, que pour Capitaine fort vaillant. Il aduint donc que cefte Dame pour n'eftre encores
ferme aux chofes de la foy, donna quelque con-
fentement à vn certain facrifice faict à vn ido-
le, & la chofe eftant defcouuerte, & venant à la
cognoiffance de fon mary, engendra vn grand
fcandale, pour eftre perfonne fi fignalee : tellement que pour l'appaifer, comme auffi les autres Chreftiens, il fut neceffaire qu'elle feift
amende honorable : & par ainfi l'affemblans
plufieurs Chreftiens de diuers lieux pour ceft
effect, eftans tous à l'Eglife, elle entra auec vne
torche allumee en la main, & f'eftant mife à ge-
noux, demanda publiquement pardon à tous,
& lors de la part de toute l'affemblee, luy feirent vne reprehenfion publique, & elle donna
des aumofnes en Ris, la valeur de beaucoup
d'efcus : & par ce moyen fatisfaifant au fcandale, qu'elle auoit donné à fon mary, & aux
autres Chreftiens, la reconcilierent à l'Eglife.
Depuis lequel temps, le P. paffant de rechef par
là, & trouuant que la mefme Dame auoit failli
d'aller à l'Eglife quelque iours de fefte, le Pere
monftrant fe reffentir de celà, luy enuoya certain meffage, & fans attendre la refponce, f'en
alla en d'autres lieux, à quatre lieues & demye
de là : ce qui fafcha tant cefte Dame, qu'elle fe

meiſt en litiere, ſelon leur couſtume, & eſtant accompagnee de beaucoup de gens, ſ'en alla trouuer le Pere, là où eſtant arriuee, feit tellement qu'à la requeſte de pluſieurs, elle demanda pardon, & ne voulut partir de là, iuſqu'à ce qu'elle veid, qu'il eſtoit content.

La ſeconde choſe fut, qu'vn ieune homme chreſtien fils d'vn noble Seigneur, eſtát aucunement adóné au ieu, fut admoneſté de noz Peres, de ſon propre pere, & d'autres Gentilshommes chreſtiés, de laiſſer le ieu, ce qu'il delibera de faire, pour à quoy paruenir plus toſt, feit ſermét de ne iouer plus à l'aduenir. Mais depuis quelques iours apres ſe retrouuant auec vn couſin de Nobunanga, & auec d'autres Seigneurs, & eſtát inuité à iouer, honteux de dire, qu'il auoit iuré de ne iouer plus, ſe meit à iouer auec eux: & pource que le ſerment & le peché eſtoient publics, les Chreſtiens en furent fort ſcandaliſez, qui fut cauſe, qu'il ſembla neceſſaire de luy faire faire ſatisfaction, auec vne penitence publique. Venant donques le ieudy ſainct, le Pere Viſiteur celebra l'office diuin, auec grande ſolennité & multitude de peuple, durant lequel temps ce ieune homme publiquement en preſence de tous faict vne diſcipline dans l'Egliſe, donnant auec cela vne bonne quantité de Ris aux paures par aumoſne, qui valoit plus de quatre vingt eſcus. Les Chreſtiens demeurerent fort edifiez de ſa penitence, de là en auant monſtra touſiours grande deuotion & ferueur. De ces deux actes, & d'autres ſemblables, on peut bien

entendre l'eſtat de ces Chreſtiens, & combien
que telles pentitences ſembleroient en quel-
ques-lieux eſtre trop dures, toutesfois pource
qu'elles ſont volontaires, & fort bien receuҫ
de tout le peuple, ſont cauſe en ces pays là, de
grande edification, non-ſeulement à l'endroit
des Chreſtiens, mais auſſi enuers les Gentils,
qui ſ'y trouuent preſens, iugeans la Loy de
Dieu eſtre fort iuſte, & l'ayans en grande eſtime, puis qu'elle n'a acception de perſonne.

### De la maiſon, & reſidence de Meaque.

EN la cité de Meaque, comme par cy deuant
a eſté eſcrit, le Darij y faiſt reſidence, qui
eſt Seigneur naturel de tout le Iappon, & combien que pour le iourd'huy il n'ait autre choſe
que le nom de ſa Seigneurie, ceſte cité toutesfois eſt chef de tout le Iappon, & pourtant les
Peres ont procuré d'y faire vne bonne maiſon.
Là demeurent les principaux de toutes les ſectes du Iappon, & pour ceſte cauſe les noſtres
ont eu touſiours grande contradiction, que
meſmes les Gentils ne vouloient leur permettre maiſon pour leur demeure, iuſques à tant
que ces annees paſſeés, par le moyen d'aucuns
honorables Chreſtiens, qui demeuroient là,
nous auons vn petit lieu, enuironné des Gétils,
& voyant les Peres de quelle importáce eſtoit,
pour ce que nous pretendons faire par tout le
Iappon, d'auoir quelque credit en ceſte cité, ſ'ai
dans & ſe ſeruans des faueurs que leur faiſoit le
Roy Nobunanga, baſtirent en ceſte petite pla-

ce vne maiſon, & auſſi vne Egliſe, laquelle cõ-
bien qu'elle ſoit petite, eſt toutesfois fort plai-
ſante, & bien proportionnee, la parant auec
quelques ornemens que le Pere Viſiteur apporta auec ſoy, auec des chandeliers, & autres vaiſ-
ſeaux d'argent, & vn ornement d'autel fort
beau.

De là, nous commençames d'auoir bruict à
Meaque, là où au parauãt nous auions eſté fort
peu cogneuz, & pour la grande contradiction
des Bonzes, que nous auons touſiours euë en
ce lieu là, on n'a pas faict iuſques à preſent plus
de trois cens Chreſtiens, quelques vns deſquels
ſont grands Seigneurs, d'autres riches marchãds
& honorables: & outre cela, ayant le P. Organ-
tim, qui eſt ſuperieur de ces quartiers là, ceſte
annee faict baſtir vne autre maiſon en la ville,
où faict reſidence Nobunanga, qui eſt à huict
lieuës loin de Meaque, là encores le credit de
noz affaires ſ'eſt fort augmenté: on a commencé auſſi d'agrandir la place, ouurant vne porte,
qui a ſon iſſue à la principale ruë, comme nous
le deſirions : & combien que les Gentils ayent
procuré d'y donner empeſchemét, neantmoins
les officiers de Nobunanga nous ont tellement
fauoriſez, que nous ſommes demeurez en poſ-
ſeſſion.

En ceſte ville demeure le pere d'vn de noz
freres, qui eſt encores Gentil, lequel eſtoit
tant obſtiné, que ſon fils ſ'eſtant fait Chreſtien,
& depuis entré en la compagnie, il y auoit enuiron quinze ans, que ny luy, ny ſa mere, ny au-

cun de ſes freres luy auoient parlé, & ne fut iamais poſſible auec tous les moyens qu'on vſa
pour ce faire, de l'appaiſer : Finablement ceſte
annee, par le moyen d'vn Gentilhomme, lequel
venant à noſtre feſte, ſ'en alla logé en ſa maiſon,
noſtre Seigneur Dieu opera de telle façon, que
ſe recognoiſſant, commença à hanter les noſtres, & ſ'augmēta l'amitié de telle ſorte, qu'il ſe
delibera d'entendre les ſermons, & a commencé des-ja luy, ſa femme, & ſes enfans à ne faire
conte de Camis & Fotoches, leſquels au parauant ils auoient en ſi grande reuerence, diſans
qu'ils entendent fort bien, que tout n'eſt que
fauſſeté & menſonge. D'où nous prenons eſperance, qu'apres qu'ils auront bien entendu les
ſermons, ils ſe feront baptiſer auec leurs autres
parens, leſquels par le meſme moyen les viennent auſſi entendre : & pource que c'eſt vn hō-
me fort renommé & bien cogneu, en ſe con-
uertiſſant il en attirera par ſon exemple beaucoup d'autres.

En ceſte maiſon le P. Viſiteur a reſolu de dō-
ner commencement à vn autre college, quand
ceux qu'on attend des Indes ſeront venus, comme nous auons dict au commencement, pour
eſtre ceſte ville la capitale de tout le Iappon, là
où il eſt bon que nous facions vne demeure aſ-
ſeurée. De ceſte ville le P. Viſiteur enuoya le P.
Louys Froës, & vn de noz freres Iapponnois
au royaume d'Ichigen, pour eſſayer vne nouuelle miſſion, ſouz pretexte de viſiter vn gentilhomme Chreſtien, nommé Darie, qui eſt Pe-

re de Iuſte, Seigneur de Tacaſuche, duquel on
a eſcrit, lequel demeuroit en ce pays là, à la requeſte de Nobunanga, & faiſoit grande inſtance pour luy enuoyer vn Pere pour le confeſſer,
luy & ſa femme, & enſemble pour eſſayer, ſi on
y pourroit faire quelques Chreſtiens. Ce royaume eſt diſtant de Meaqué de trēte ſept lieues
& demye, & eſt vn des principaux & plus nobles royaumes du Iappon, lequel eſt gouuerné
par vn Seigneur & Capitaine de Nobunanga,
fort valeureux. Le Pere Louys & ſon compagnon eſtans là arriuez, feurent incontinent receuz fort amiablement, & non ſeulement logez
par le Gentilhomme Chreſtien, qu'ils alloient
viſiter, mais auſſi du Seigneur de la ville. Le
Pere ſarreſta là pluſieurs iours, auec le grand
contentement du Pere & de la mere de Iuſte, &
courant le bruit par la cité, qu'en la maiſon de
Darie y auoit vn Pere & vn frere de noſtre có-
pagnie qui preſchoiét la Loy de Dieu, le peuple
y commença à courir en ſi grād nombre, qu'on
n'y pouuoit ſatisfaire, encores qu'on preſchaſt
cinq ou ſix fois le iour, & qu'on y employaſt
vne grande partie de la nuict, en diſputant &
traictant des choſes de Dieu auec les Gentils-
hommes & les Bonzes, qui continuellement
ſaddreſſoient au Pere, demeurans rouſiours
les Bonzes confus, & la Loy de Dieu exaltée.
Mais parce que quitter les vices & pechez eſt
choſe fort difficile, & que la volonté ne s'encli-
ne point rouſiours à faire ce que luy propoſe
l'entendement, encores qu'ils demeuraſſent

vaincus, ne faisoient pourtant resolution de s'a-
subiectir à vne loy tant spirituelle, & si contraire à la chair. Se conuertirent toutesfois enuiron cinquâte personnes, par le moyen desquelles on donna commencement à vne nouuelle
Eglise fort petite, mais bien accommodee, de
la quelle print la charge Darie & sa femme, côme bons pasteurs: dont les nouueaux Chrestiés
furent fort ioyeux, pource que la principale
excuse qu'auoient ceux, qui n'auoient volonté
de se faire baptiser, estoit que le Pere s'en iroit
incontinent, & qu'ils demeureroient sans Eglise & sans Pere. Ils demeurerent toutesfois en
fort bône opinion de nostre loy, & bien dispo-
sez à vne grande conuersion, quand les Peres
y retourneront: Partant pour ceste heure là le
Pere ne peut demeurer d'auâtage, partie à cause de la maladie de son compagnon, partie aussi
pour cause d'vne guerre qui s'esmeut là, en laquelle toute la Noblesse de la ville y fut empes-
chee. Au retour le P. Visiteur passa par vne
autre ville, qui est à sept lieues & demie loing de
la ville de Darie, où il trouua vn gentilhomme,
qui auoit esté baptisé auec sa femme les annees
precedentes à Meaque, lesquels pour auoir seulement gousté les commencemens de nostre
loy, viuoient entre les Gentils fort religieu-
sement. Ceux icy receurent le Pere comme
vn Ange enuoyé du Ciel, & estoit chose merueilleuse auec quelle charité ils le traittoient.
Il s'arresta en ce lieu là quatre ou cinq iours,
durant lesquels ils ne se pouuoient contenter

de demander & apprendre les choses de Dieu,
y amenant encores plusieurs Gentils pour estre
enseignez en la foy, quelques vns desquels furent baptisez auec toute leur famille, donnant
en ce lieu là commencement à vne bonne conuersion. Le Pere se partant de là (Leon Caniti
le nóme le Chrestien) l'accompagna auec d'autres gentils-hommes Chrestiens, mesmes des
Gentils tous à cheual, desirans que la conuersion s'augmentast en ceste ville là. Nostre Seigneur permist alors que le diable, à sa plus grãde confusion, tentast le zele de Leon, & lors le
cheual sur lequel il estoit monté commença à
s'esleuer si haut, qu'on veoit clairement qu'il
estoit agité de quelque maling esprit: tellemét
que luy & le cheual tomberent à terre, puis a-
pres le cheual se mist à le fouler des quatre
pieds,& à le mordre de telle façon,que personne ne le pouuoit secourir: & finalement apres
luy auoir faict quelques blesseures en la teste, le
cómença à mordre au col si estrangement, qu'il
sembloit qu'il le voulust estrangler, & à la fin le
laissa tout ensanglâté,& à moitié mort, demeu-
rât vn fort long temps sans parler. Cest accidét
causa grande fascherie au Pere, tãt pource qu'il
luy sembloit que Leon fust mort, comme aussi
pour crainte du scandale, que les nouueaux
Chrestiens & tous les Gentils pouuoient prendre de là,estant l'accidét si extraordinaire. Mais
apres vne longue espace de temps Leon reuenant à soy,le Pere luy fist prédre vn peu de vin,
qu'il portoit pour dire la Messe,& luy reuenant

la

la parole, auec vn visage ioyeux, taschoit de có-
soler le Pere, luy disant qu'il cognoissoit bien
que c'estoit œuure du diable afin de troubler
ces nouueaux Chrestiens, toutefois s'il mou-
roit de tel accident, il en estoit fort content, finissant sa vie au seruice de Dieu, & en la compagnie du Pere. Que si nostre Seigneur luy
vouloit permettre de viure d'auantage, il s'em-
ploiroit toute sa vie à son seruice, & disoit autres paroles, par lesquelles le Pere demeura fort
consolé. Ses seruiteurs le porterent incontinent
à la ville, & voulant le Pere retourner auec luy,
il ne le voulut permettre, disant qu'il estoit ia
confessé & communié, & qu'il auoit si bonne
esperance en la misericorde de Dieu, que passant de ceste miserable vie, il luy donneroit sa
gloire par les merites de Iesus Christ, & qu'il
n'estoit expedient qu'il retournast en arriere,
ains que le frere suffisoit pour luy aider à bien
mourir, lequel estant Iapponnois entendoit
mieux la langue, & pouuoit respondre à plusieurs querimonies & mespris que pourroient
faire les Gentils. Ce que le Pere trouuant bon,
nostre frere s'en retourna auec le nauré, & luy
poursuyuit son voyage. La femme de Leon
ayant entendu cecy, & receuant vne lettre que
luy escriuoit le Pere, ne se monstra moins cou-
rageuse & constante que son mary, disant que si
c'estoit le bon plaisir de Dieu que son mary
mourust à son seruice, & au secours des Peres,
qu'elle en estoit fort contente, & ne se troubla
aucunement de le voir si mal traicté, ains estoit

fort marrie du defplaifir qu'en auoit le Pere.
Or fe retrouuât peu apres quelque peu mieux,
elle en aduertit incontinent le Pere, & depuis
allant encores en amendant,elle luy fift auffi af-
fauoir. Finalement elle enuoyoit tous les iours
vn homme expres au Pere, luy donnant aduis
de l'eftat de fon mary, iufques à ce qu'il s'eft
trouué hors de danger. Et en tout cecy & durant tout ce temps que ce frere fuft auec eux, il
cogneuft Leon & fa femme, auec le refte des
Chreftiens fi bien animez à la foy, qu'ils alloiét
cherchant leurs parens pour les amener ouyr
les difcours des chofes de Dieu, & plufieurs
d'entre eux prindrent refolution de fe faire baptifer au pluftoft. Vne des parentes de Leon
eftoit fort obftinee,de façon qu'elle delibera de
ne fe faire point Chreftienne auec les autres:
Ce qu'elle fit, toutesfois par apres efmeue par
vne vifion, en laquelle elle vift comme en fon-
geant vne perfonne tenant vne phiole d'eau,luy
difant certaines paroles,qui luy firent entendre
qu'il falloit qu'elle fe baptifaft: Et de cecy nous
en fift le recit Leon eftant venu du depuis vifiter le Pere.

On fift vne autre miffion à vn lieu du Royaume d'Arima, lequel eft à vn feigneur Chreftien: en cefte miffion ne fuft autre qu'vn frere,
que le Pere y enuoya, pour aller voir vn grand
capitaine de Nobunanga. Or durant huit iours
qu'ils s'y arrefta il fift cinquante Chreftiens,en
ayant laiffé plufieurs autres de ce mefme lieu
difpofez à fe conuertir : & le feigneur d'Ari-

ma fist offre d'vn lieu pour edifier vne Eglise, donnant licence à tous ceux qui voudroient de se baptiser, & luy-mesme offrit encor vne rente pour la nourriture du Pere qui feroit le seruice en l'Eglise. Il y eust vne autre mission és Royaumes de Mino & de Voari, qui sont loing de Meaque, quasi autant l'vn que l'autre. En ceste mission alla vn Pere & vn frere, prenant occasion d'aller voir Tonosama fils aisné de Nobunanga, lequel a soubz sa iurisdiction ces deux Royaumes. Il leur fist tresbon accueil, & les pourueust de logis, & les fut voir souuent, parlant des Peres & de la loy de Dieu fort honorablement, & auec grand reuerence. Ce Prince desire fort que les Peres bastissent vne maison & vne Eglise en la ville plus principale qu'il a, & il y a plus de deux ans qu'il donna vn fort grand & beau lieu pour ce faire : & quoy qu'il en face grande instance, on n'a point trouué que le temps fust encores propre. En quelques autres missions qui se firent en ce Royaume, les Peres baptiserent cinq cens personnes, & maintenant au retour de ce Pere accourust si grande multitude de gens pour ouyr la predication, qu'il estoit cótraint de prescher quatre ou cinq fois le iour, disputant maintesfois des choses appartenantes à nostre foy, où aduindrent beaucoup de choses en particulier que ie laisse. Pour faire bref soixante personnes se conuertirent, & en certaines maisons qu'vn sieur Chrestien nous donna à cest effect, on fist vne Eglise de laquelle on se sert maintenant, iusques à ce

qu'il aye commodité de l'accroiſtre. Ce ſieur
eſtoit au-parauant Gentil, addonné à toute ſorte de paſſe-temps & delices, plus que tout autre
de ce Royaume, lequel ſe conuertiſt il y a trois
ans & d'auantage , & fiſt grand changement de
ſes mœurs : de façon que les Gentils meſmes
s'en eſmerueilloient, parce qu'abandonnant le
grand nombre des femmes qu'il tenoit auparauant, retint ſeulement la premiere, & ſe retira,
quitant tous plaiſirs & delices , ſe rendant ſi familier de noz Peres, & ſi grand amy de l'Egliſe,
qu'il vouluſt que ſa propre habitation fuſſe em-
ployée à en faire vne , prenant luy-meſme la
charge d'enſeuelir les morts. Ce qu'il faict auec
le plus grand appareil & ſolennité qu'il luy eſt
poſſible, & eſt ſi bien zelé és choſes de la Chreſtienté, que preſque la plus grand part de la pieté qui reluit en ce Royaume y a eſté plantee
par ſon moyen . S'eſtans les Chreſtiens confeſ-
ſez, & recréez ſpirituellement, le Pere s'en alla
viſiter ceux qui ſont au Royaume de Voari, qui
aboutiſt auec le Royaume de Mino, là où peuuent eſtre deux cens Chreſtiens & plus, preſque
tous conuertis & baptiſez par vn Chreſtien appellé Conſtantin, que Dieu a mis en ce Royaume pour y faire ſi grand fruict, comme il faict:
parce qu'il a le ſoing de l'Egliſe de Voari, preſchant continuellement aux Gentils qui viennét
ouyr la ſaincte loy de Dieu, & de ſa rare vertu
& grand exemple edifie & confirme ces Chreſtiens: de maniere que viuant parmy ceſte Gentilité ſans Peres ſpirituels, qui leur enſeignent la

doctrine Chreſtienne, ſont ſi vertueux & bien
animez, qu'ils ne cedent en rien à ceux qui demeurent auec les Peres en Meaque. Depuis le
retour du Pere Viſiteur pluſieurs des Gentils
de Mino & de Voary, deſirans entendre les predications de noſtre loy, les Chreſtiens demanderent derechef qu'on leur renuoyaſt le meſme Pere, par les lettres duquel que lon a ap-
porté de Meaque, nous auons entendu que le
nombre des auditeurs eſtoit fort grand, ayant
deſia baptiſé quelques perſonnages nobles, &
de grand calibre. Nous croyons que ſi il y auoit
quelque reſidence en ces Royaumes, que l'on y
feroit beaucoup de Chreſtiens, parce que le fils
de Nobunanga fauoriſe fort noſtre part, & la
loy de Dieu eſt en ces quartiers en grand eſtime, à cauſe du bon & rare exemple que don-
nent de ſoy ces Chreſtiens par leur vertueuſe
vie.

*De la maiſon & ſeminaire d'Auzuchiame.*

QVoy que Nobunanga ſoit ſouuerain de
Meaque & de Tenſe (car c'eſt ainſi que
les Iapponnois appellent la Monarchie du Iappon) il reſide neantmoins ordinairement au
royaume de Voari, en la ville d'Auzuchiame,
diſtante de Meaque vne iournee, laquelle apres
la conqueſte de Meaque il choiſit pour ſa reſidence: de là vient qu'il y a tantoſt douze ou
treize ans qu'il a le gouuernement de la Monarchie du Iappon. En ce lieu Nobunanga y
edifia vne autre ville auec vne fortereſſe, qui eſt

maintenant la chofe la plus admirable qui foit au Iappon, furpaffant toute autre chofe, tant pour l'amenité du lieu que pour la nobleffe des habitans, & beauté des edifices. Cefte cité eft fituee en vne grande planure, laquelle a d'vn cofté vn lac fort grand & tres-cler, ayant de longueur enuiron tréte lieues,& dix de largeur, lequel f'efcoule par beaucoup de lieux de la ville:de l'autre cofté on y voit large campagne, & vne grande eftendue de pais propre au labourage. Au deffus de la ville y a vne plaifante montagne,laquelle eft departie en trois petites colines fort frefches, couuertes d'vn beau petit bocage,& tapiffees d'vne ioyeufe verdeur : le Lac va coftoyant cefte montagne, ce qui rend ce lieu & fort & plaifant. En la plus haute de l'vne des trois colines, Nobunanga fe delibera de monftrer fa magnificence Royale, y faifant baftir vne forterefse merueilleufement riche, belle & inexpugnable, car au pied de la montagne eft edifiee la cité pour le menu peuple, ayát fes rues fort larges & droictes qui l'embeliffent beaucoup, en laquelle peuuent eftre à prefent cinq ou fix mille feux. De l'autre cofté de la montagne qui eft feparee de la Cité par vn bras du lac, il feit commandement aux Seigneurs & Gentilshommes des Royaumes qui luy font fubiects, qu'ils y baftiffent leurs maifons, lefquels fouhaitans de luy complaire, en peu de temps drefferét des fomptueux & riches palais, les enuironnans d'vne muraille fort haute & tresbien baftie de grand pierre de taille, laquel-

le muraille est la plus part de quinze palmes
de largeur auec ses bouleuers en haut, de maniere que chacune de ces murailles sert d'vne
bonne defence. De ceste façon l'on va haussant
les maisons par dessus la montagne, en enuirõ-
nant de tous costez la coline plus haute, qui est
droit au milieu des deux autres, au sommet de
laquelle est la forteresse de Nobunanga, laquelle en richesse, beauté, & excellence d'archite-
cture, peut estre parangonnee auec les plus nobles & somptueuses forteresses de l'Europe, par
ce qu'outre les murailles tres-fortes & bien ba-
ties, desquelles elle est enuironnee, elle a au dedans des maisons spacieuses, belles, & enrichies
d'or, auec si grand artifice, qu'il pourroit sem-
bler à l'humaine industrie se pouuoir faire. Au
milieu y a certaine façon de tour appellee Ten-
sò, qui en sa forme est plus haute & plus superb-
bement bastie que les nostres, laquelle a sept
fenestrages & toute dedans & dehors façon-
nee d'vn ouurage & structure admirable, veu
que les pourtraits qui sont au dedans, sont tous
faicts d'or, & ingenieusement dépeints de fort
riches couleurs, & au dehors chaque fenestra-
ge est dépeint de diuerses couleurs, quelques
vns sont blács auec les fenestres noires, à la cou
stume du Iappon, chose fort belle & delectable, autres sont rouges & asurez, & le plus haut
de tout est doré, & est ce Tense comme aussi les
autres maisons, couuerte d'vne tuille bleue, la
plus forte, que selon mon aduis se puisse trouuer ailleurs. Il y a encore aux parures des mai-

e iiij

sons des testes couuertes d'or, & aux toicts des
faces fort superbes, qui font paroistre l'edifice
merueilleusement beau à veoir, de sorte que
tout le bastiment est fort riche & somptueux:
& quoy que les maisons soient de bois, si ne le
sçauroit on cognoistre, ny dedans ny dehors,
ainçois semble que tout l'edifice soit de pierre
bien dure. Finablement ce bastiment est tel, que
le P. Visiteur iugea que c'estoit vne chose digne
d'estre veuë de chacun, & qu'on le peust com-
parer auec les plus honorables bastimens de
l'Europe, & par ainsi il en enuoye à vn Pere vn
pourtraict assez bien faict, & diuersement
coloré.

Le Pere Organtin desiroit fort d'auoir quelque lieu en ceste ville, laquelle va s'accroissant
de iour à autre, d'autant que y faisant leur demeure, tous les plus principaux Seigneurs Iappónois, & pour la continuelle frequentation de
la noblesse, & des Ambassadeurs qui viennét de
diuers lieux pour recognoistre Nobunanga, &
faire leurs affaires auec luy, ce lieu luy sembloit
fort à propos, pour manifester la loy de Dieu,
& l'annoncer en peu de temps par tout le Iappon, & faire par mesme moyen que nostre có-
pagnie feusse cogneue par tous ces royaumes. Il
estoit aduis neátmoins au Pere que telle entreprise fusse mal-aisee, tant pour ce que Nobunanga n'auoit oncques voulu permettre qu'aucun Bóze y bastist, comme aussi que pour le desir qu'il auoit d'orner ce lieu, il n'y vouloit que
des edifices somptueux & royaux, d'abondant

que cõmme ainsi soit que toutes les maisons
soiét assises sur la montagne, laquelle en est en-
uirõneé de tous costez, on n'y pouuoit voir lieu
capable & commode pour vne maison de reli-
gieux. En fin le Pere apres s'estre recommandé
à Dieu, proposa ce sien desir à Nobunanga, lequel par grace de Dieu, il troùua tellement disposé qu'il luy octroya sa demande, & respondit qu'il estoit fort aise, que le Pere voulist a-
uoir vne maison en ceste Cité, & qu'il aduise-
roit quelle place il luy pourroit donner. De là
à quelque temps il donna vn lieu tel, que l'on
n'en eust sceu desirer vn mieux à propos pour
nous : & il apparut bien que c'estoit chose or-
donnee de la diuine prouidence, par ce que
peu de iours au parauant Nobunanga s'ad-
uisa de faire espuiser & remplir de terre vne
partie de ce lac, qui passoit entre la montagne,
de la forteresse & la Cité, sans songer pour
quelle cause il le faisoit : de façon qu'ayant faict
venir vne infinité de gens, dans quinze ou vingt
iours cela se-finist, demeurant vne fort belle
place vuide tout ioignant son Palais, au milieu
de la montagne & de la ville. Ce fut le iour de
la Pentecoste de l'annee derniere que le Pere
accepta ce lieu auec vne ioye indicible, pour
estre vne chose que luy & tous Chrestiens te-
nóiét pour vn singulier benefice de Dieu nostre
Seigneur.

Ainsi partie des aumosnes que les Chrestiens
feirent, partie à l'aide de deux cens escus que
donna Nobunanga, dans peu de iours on y feit

yne habitation pour les Peres : & dés aussi tost
que l'edifice fust haussé, luy mesme vint le voir,
& iugeant que la place qu'il nous auoit donnee
n'estoit assez grande, ordonna qu'on l'accreust,
promettant encores de nous donner des moyés
pour edifier. Depuis ce temps là commença a
nous monstrer plus grands signes d'amour, & a
conuerser si familerement auec les Peres, que
les Gentils mesmes en demeuroient esmerueil-
lez, & les Chrestiens infiniment aises. Il enuoya
plusieurs fois appeller le P. Organtin, & voulut qu'il luy tint propos des choses de Dieu, y
prestant tousious l'oreille fort attentiuement,
& en faisant diuerses demandes, concluoit tousiours auec ceux qui assistoient, que tout ce que
les Bonzes disoient estoit pure mesonge, & que
tant seulement ce que les Peres enseignoient
auoit apparence de verité.

Depuis que le Pere Visiteur fut veoir Nobunanga à la ville de Meaque, il reuint à ceste sienne forteresse, & le P. Visiteur ne tarda gueres
à le suiure, & Nobunanga ayant sceu qu'il estoit
arriué, le feist appeller, & commanda aussi que
on feist venir les autres Peres & freres : car il
les vouloit tous cognoistre. Estant arriué le Pere auec les autres à la forteresse, il fit grand accueil à tous, & voulut apres qu'on leur feist
veoir tout le plus beau de la forteresse, premierement par dehors, & par apres au dedans, pour
estre chose à la verité qui merite d'estre veuë, ce
que tous estimerent estre tres-particuliere faueur, pour ce que Nobunanga a de coustume

de faire veoir fort rarement, & à bien peu de
perſonnes, l'ornement qui eſt au dedans de la
forterefſe. Ce temps pendant arriua vne caiſſe
de fruicts, qu'on luy enuoyoit du Royaume
de Mino, de laquelle luy meſme feit ſoudainement offre au Pere, & ainſi les renuoya. Il voulut au ſurplus vſer de grande faueur & largeſſe
en noſtre endroit, ordonnant que le tour de
noſtre maiſon fuſt du tout ſemblable à celuy
de ſon chaſteau, ce qui eſt beaucoup eſtimé en
ce pays, & pource qu'ordinairement pluſieurs
ſeigneurs viénent voir ceſte magnificence, de là
nous prenons occaſion de preſcher, & traicter
auec eux des choſes de Dieu : tellement que
chaſque iour il y a ſermoñ, & durant ceſte annee pour l'affluéce des ſeigneurs qui ſont venus
de diuers lieux, noſtre compagnie a eſté plus
cogneue, & la loy de Dieu plus eſparſe & diuulguee és royaumes de Meaque, que les autres
precedentes : d'où lon eſpere que par le moyen
de ceſte maiſon pluſieurs auront cognoiſſance
de la vraye foy, & entre ceux qui ouirent les
predications, il y euſt vn grand Seigneur lequel
auoit au parauant eſté Roy du Royaume de
Voari, & quoy qu'il euſt perdu, il demeure en
la bonne grace de Nobunãga, & à preſent eſtoit
vn grand Tonos. Or ce ſeigneur appellé Zuico-
cindo ſe reſolut auec ſa femme d'ouir les predications, & eurent tel gouſt & reſſentiment in-
terieur des choſes de Dieu, qu'ils y aſſiſterent
l'eſpace de quarante iours entiers, faiſant treſ-
grand conte de la parole de Dieu : apres cela ils

se baptiserent tous deux. En outre ont receu le
sainct Baptesme ceste annee, des autres per-
sonnages nobles & de grand credit, & des soldats de diuerses parts qui accourent en ce lieu,
auec des autres de la mesme ville. Et desia nostre loy est tellement diuulguee & approuuee
de tous ceux de ce pays, & est en si grand estime pour les gracieusetez de Nobunanga, & à
cause dela hautesse des grands Seigneurs qui
cōtinuellement viennēt chez nous, que s'ils n'a-
uoient l'entendement peruerti de la sensualité,
la plus grande part de ces seigneurs seroiēt pie-
ça Chrestiens, mais l'obseruation de ce precepte leur semble si aspre, que la conuersion leur
paroist difficile, de sorte que plusieurs d'entre
eux disent apertement, que si les Peres vsoiēt de
quelque remission enuers eux touchant ce cō-
mandement, dés aussi tost ils se feroient Chrestiens, entre lesquels Tonosama fils aisné & suc-
cesseur de Nobunanga, par trois ou quatre fois
entra fort auant en propos de cecy auec vn de
noz freres, taschant de luy persuader que les
Peres ne deuoient proceder auec tant de rigueur & seuerité en semblable affaire, l'asseurant que s'ils se moderoient, soudainement vne
grande multitude de Seigneurs se reduiroient
à nostre Foy. Et de cecy on en parle fort à la
Court, tellement que le Prince mesme disoit
que ce seroit plus grand seruice de Dieu de dis-
penser du sixiesme commandement, & par ce
moyen faire vn bon nombre de Chrestiens, &
non par la rigueur de ce precepte perdre leur

conuerſion, promettant de prendre luy meſme le premier le ſainct Bapteſme. Mais la reſponce qu'on fait touſiours à tous, & auec laquelle on les peuſt conuaincre, eſt de leur monſtrer que ce que les Peres leurs preſchent eſt choſe veritable, enſeignee & declaree de Dieu meſme, & que ce ne ſont point inuentions humaines, que ſil eſtoit ainſi (comme ſont les inuentions de leurs Bonzes : & ſi nous annoncions cela come choſe que nous euſſions controuuee à la façon des Bonzes) nous chanterions touchant ce commandement à leur appetit & fantaſie: mais par ce que ceſte loy eſt loy de Dieu, nous ne la ſçaurions accommoder à leur gouſt & volonté. Cecy les rends conuaincus ſelon l'entendement, plaiſe à Dieu que leur volonté embraſſe ce que leur monſtre la lumiere de la raiſon.

Entre les gentils-hommes qui frequentent noſtre maiſon, vn des plus familiers & domeſtiques eſt Sanaxindono, ſecond fils de Nobunanga, lequel entre tous ſes freres eſt le mieux voulu & aimé de tous les ſeigneurs, & dés qu'il commença à entrer en diſcours auec les Peres des choſes de Dieu, prit telle affection, qu'il ſemble pluſtoſt Chreſtien que Gentil, & dict haut & clair qu'il veut eſtre Chreſtien, & que deſia il tient pour ſes maiſtres les Peres : & deuiſant auec les ſeigneurs Gentils, afferme que toute la doctrine des Bonzes n'eſt que fauceté, & que ſeulement la loy de Dieu eſt vraye. Laquelle tout homme de bon entendement, s'il l'eſcoute, peut iuger eſtre loy de verite, & com-

me telle la deuroit ſuiure, & ſe faire chreſtié: Ce
qu'il dit qu'il auroit deſia faict, s'il n'en euſt eſté
empeſché, & que pour bon reſpect il le differe
en vn autre temps. Aucuns de ſes ſeruiteurs ſe
ſont ia faits Chreſtiens, & il print vn chappelet
à vn de noz freres, diſant qu'il le vouloit dire, &
le garder côme vne relique, pour ſigne & marque qu'il vouloit ſe faire Chreſtien. Et à ce que
l'on peuſt cognoiſtre, ſemble qu'il n'attende autre choſe, ſinon que ſon Pere luy donne quelque eſtat. Car ores qu'il aye vn fort beau palais
& vn bon reuenu, toutesfois ſon pere ne luy a
point donné encore aucun Royaume : & ayant
deſia vingt & vn an eſt fort aimé de ſon pere, &
de tous ſes parens, de ſorte qu'il eſpere d'eſtre
biē toſt pourueu: & c'eſt ce qui le faict dilayer,
parce que Nobunanga eſt tant craint & redouté, que voire meſmes ſes propres fils n'ont hardieſſe de luy parler libremét. Qui eſt cauſe que
ce ſeigneur va peu à peu deſcouurant ſon inten-
tion aux gentils-hommes & ſeigneurs de la
Cour, afin que cela vienne à la notice de Nobunanga ſon pere, & par ce moyen il va ſondant le
vouloir de ſon pere, & s'il s'apperçoit qu'il l'aye
pour agreable, ſoudainement il receura le ſaint
Bapteſme. Il traicte fort ſouuent auec les noſtres, & il n'y a ſemaine qu'il ne vienne vne
ou deux fois chez nous : & tandis que le Pere
Viſiteur y fut il ſe monſtra encor plus familier,
enuoyant pluſieurs meſſages & preſens au Pere. Il tint auſſi propos auec ſa mere de noz affaires & de la loy de Dieu : ſi bien qu'il la perſua-

da d'ouir les sermons. Et par les dernieres lettres que nous auons receues de Meaque, nous auons sceu qu'elle auoit desia commencé de les ouir, & qu'elle s'alloit affectionnant beaucoup aux choses de la foy Chrestienne. Ce Pere Visiteur estant sur son depart de Meaque, alla vn iour prendre congé de ceste Dame, & passant dans vn basteau le Lac qui separe nostre maison du palais Royal, elle & son fils le receurent auec si grãd amour & accueil, que plus on n'en sçauroit imaginer, parce qu'ils luy vindrent au deuant auec toute leur suitte là où il deuoit aborder: Et estant arriuez au lieu où estoit le Pere, ce prince print le flambeau de la main d'vn page, & l'apporta au deuant du Pere iusqu'à ce qu'il arriua au lieu, où il a accoustumé de receuoir les estrangers, & au depart l'accompagna en la mesme façon iusques au basteau. L'amour auec lequel il receut le Pere, & les propos qu'il luy tint, sembloit plustost du fils au pere, que d'vn seigneur Gentil si puissant, & presenta au Pere certains vers qu'il auoit faict escrire, afin que ce qui estoit contenu en iceux fusse obserué de tous ceux de sa Cour. Le contenu estoit tel, Que personne de ses gens ne fisse plus de conte de Camis & Fotoches leurs faux Dieux, & cela estoit escrit de bonne grace, comme sçauent tresbien faire les Iappónois en leur façon de vers. Plaise à Dieu conduire à chef les bons & saints desirs de ce seigneur, afin que son saint nom soit par tout le Iappon auec grand honneur diuulgué. En ceste Cité d'Auzuchiame, pour eſtre choſe tant priſee de Nobunanga. Noſtre Pere Viſiteur voulut qu'on y fiſt le ſeminaire, qu'il auoit deliberé de faire à Meaque, & par ainſi on accommoda incontinent vne ſalle fort grande, qui eſtoit au plus haut de la maiſon, là où demeurent deſia vingt cinq ou vingt-ſix ieunes gentils-hommes, que pour le meſme effect le P. Organtin tenoit auparauant chez nous : Auſquels le Pere Viſiteur donna les aduertiſſemens, reigle, & diſtribution du temps qu'il auoit dóné au Seminaire d'Arima : & nous eſperons, moyennant la grace de Dieu, de ne receuoir pas moins de contentement d'eux. Encor ſemble il que les gens de ce pays ſoient de plus grand expectation, pour eſtre de bonne façon & de gentil eſprit, nobles, & nourris à la Cour des mieux diſans, & de plus gráde authorité de tout le Iappon. Le tout ſera paracheué quand on y aura baſty vne Egliſe, comme on a deliberé de faire, laquelle Nobunanga déſire que lon faſſe fort belle & honnorable : & nous a tenu propos ſouuentesfois, que ſi elle eſt vne fois faicte, nous eſperons que ce ſera le vray moyen pour promouuoir grandement l'honneur de Dieu.

Le Pere Viſiteur y ſeiourna enuiron deux mois, & apres la feſte de la Pentecoſte demanda licence à Nobunanga d'aller viſiter les Chreſtiens qui ſont parmy ce Royaume : Laquelle il luy dóna auec paroles fort douces & amiables, luy diſant qu'il y allaſſe, & enuoyaſt franchement ſes Preſcheurs en tel lieu qu'il voudroit

de

de son royaume : car il seroit fort aise que le
Christianisme print accroissement par tout.
Estat de retour le P. Visiteur de visiter les Chrestiens, Nobunanga luy fist beaucoup plus de
caresses qu'il ne luy auoit faict auparauant: Entre lesquelles fust que Nobunanga ayant faict
faire aucuns tableaux pour l'ornement de ses
salles, comme les Seigneurs Iapponnois ont accoustumé de faire, lesquels parmy eux font de
grands valeurs, & les appellent Biobos, en enuoya faire vne offre au Pere. Lequel pour ne
desplaire au Roy, qui les luy donnoit de si bon
cœur, les accepta : & d'autant que par toute la
Cour on faisoit grand estime de ces tableaux,
pour auoir esté faicts par le plus excellent pein-
tre du Iappon, des aussi tost que le bruit fust
espars que le Roy les auoit donnez aux Peres,
vn chacun fust esmerueillé grandement que
Nobunanga vsast de si grand faueur & courtoisie enuers nous, & estoit si grande la foule des
gens, qui accouroiét pour voir les Biobos, non
seulement en Auzuchiame, mais encor à Meaque & à Bungo, & par tous les lieux où lon les
apportoit, qu'on estoit contraint, pour contenter tous, les mettre en euidence és Eglises, afin
qu'ils les vissent à leur plaisir.

Nobunanga monstra encor au Pere Visiteur
vn autre grand signe d'amour, parce que lors
que le Pere fust demander licence de s'en aller
& prendre congé de luy, le Roy luy dit qu'il a-
uoit faict faire de nouueaux enrichissemens dás
son chasteau, & qu'il vouloit qu'il les vist auant

que de partir , & quand tout seroit accommo-
dé,qu'il le feroit appeller: de sorte qu'il fust necessaire que le Pere differast son depart . Cependant Nobunanga faict faire vne certaine
magnificence,laquelle par ses circonstances on
cogneut bien n'auoir esté faicte de gayeté de
cœur,comme il disoit, mais pour le respect du
Pere , & pour luy faire cognoistre sa grandeur
& magnificence.C'estoit vne sumptuosité que
les lapponois ont accoustumé de faire de nuict,
auec feux & torches allumees, que lon met aux
portes & fenestres:comme l'on faict par fois en
Europe en quelques iours de triomphe.Et estát
là accoustumé les precedentes annees , que les
gentils-hommes & seigneurs fissent des feux &
allumassent des flambeaux en leurs maisons &
au chasteau, on ne fist rien de tout cela : Cest
annee au contraire Nobunanga commanda
qu'aucun gentil-homme ne mist les feux ordi-
naires en sa maison, & il fist enceindre sa forteresse de lanternes de diuerses couleurs. Ce qui
estoit beau à voir, pour estre ce chasteau fort
haut : d'auantage il fist ranger en ordonnance
vne grand quantité de personnes d'vn costé &
d'autre, de la grand rue qui commence à nostre
maison , & trauerse la montagne aux lisiéres de
la forteresse , & allumant trestous les torches
qu'ils tenoient en main, rendirent si grád lueur
& clarté,qu'il sembloit iour clair, & pour estre
ces flambeaux d'vne certaine sorte de canes ré-
dirét beaucoup d'estincelles: de façon que l'on
eust dit que la rue estoit toute estincelante , &

parmy couroiét beaucoup de ieunes gentilshó-
mes, & les soldats faisoient preuue de leur dex-
terité & prouësse. Estant passee vne gráde partie de la nuict en ceste pompe & reiouïssance,
que les Peres contemploient des fenestres, Nobunanga suruint, & passant deuant nostre porte, le P. Visiteur & les autres Peres sortirét pour
luy parler, & il deuisa vne bóne piece de temps
auec eux, leur demandant s'ils prenoient plaisir
à vne telle feste, & ce que leur en sembloit : &
leur demonstrant grand amour & courtoisie
s'en alla le iour ensuiuant. Il enuoya dire au Pere Visiteur qu'il vint auec tous les autres Peres
voir la forteresse, luy faisant derechef monstrer
tout ce qu'il auoit desia veu, & les autres ou-
urages qu'il auoit faict faire de nouueau, qui
font tous dignes d'estre veus : En fin auec gráds
signes d'amitié donna congé au Pere de partir,
commandant à vn Cunghe, qui est des plus apparens seigneurs du Iappon, qu'il escriuist vne
lettre de faueur, pour recómander le Pere aux
seigneurs des terres par lesquelles il deuoit passer. Entre autres il escriuist au nouueau Roy
de Bungo, & au Roy de Saxume : lesquelles lettres ne seruirent pas de peu pour negotier quelque chose que les Peres auoient à faire auec le
Roy de Saxume, duquel nous auons traicté cy
dessus : de maniere qu'à Bungo & d'autres lieux
de Ximo, le credit de la loy de Dieu que nous
preschons alla fort en auant, tant entre les Seigneurs Chrestiens, comme Gentils, voyant
l'estime & conte que Nobunanga en faisoit.

f ij

84

Outre les fufdites faueurs de Nobunanga il y
en a vne, de laquelle on doit faire grãd cas, c'eſt
qu'il ſe deporte auec les Peres, de telle maniere, qu'il leur laiſſe librement gouuerner tous
leurs affaires, ſans ſ'en meſler en rien, & ſi ne
demãde aucun Pere en particulier pour la maiſon d'Auzuchiame, ainçois il enuoya dire au
Pere Viſiteur, qu'il voyoit bié que ceſte maiſon
eſtoit de grand importance aux Peres, par ainſi
il luy faiſoit ſouuenir, qu'il aduiſaſt ceux qu'il
y laiſſoit, auquel le Pere faiſant reſponce qu'il
ne manqueroit pas à ſon deuoir, meſme que
pour ſuperieur il y laiſſoit le Pere Organtin,
qui y demeuroit auparauant, monſtra en eſtre
bien aiſe. Et apres que le Pere fut parti, luy
ayant fait compagnie, le Pere Organtin feit appeller vn Pere, qui eſtoit demeuré pour ſuperieur lequel eſtant allé deuers ſon alteſſe auec
vn frere Iapponnois, les retint deux heures en
deuis fort familier, leur demandant beaucoup
de choſe, touchans certains points, ſur leſquels
l'aſſiſtance entra en diſpute de la loy de Dieu,
& de Camis & de Fotoches, prenant de là occaſion les noſtres de les eſclarcir de l'immortalité de l'ame: & comme il n'y a qu'vn ſeul Dieu,
& que Camis & Fotoches ſont de faux Dieux.
A quoy Nobunanga fuſt fort attentif, ſi que
voulant le frere prendre congé de luy, & voulant vſer des ceremonies Iapponnoiſes, le retint deux ou trois fois, pouſſaut auant ſon diſcours, aduouãt tout ce qu'il diſoit, & monſtrãt
d'auoir eſté ſatisfaiĉt. Quelques iours apres

eſtant reuenu le Pere Viſiteur Organtin de faire compagnie au Pere Viſiteur : Nobunanga
vint vn iour au deſpourueu chez nous, & auant
que tous fuſſent là venus, quelques Peres le vi-
rent à la maiſon, & ſ'apperceurent qu'il les ve-
noit ſecrettemét voir pour voir ſi nous tenions
la maiſon nette& polie: par ce qu'il hait fort de
voir les choſes mal propres , & mal ajancees,
de maniere qu'il trouua la maiſon ſi bien en ordre, qu'il n'y ſceut rien remarquer de mal ac-
commodé, & montant au plus haut eſtage, có-
manda à tous ceux de ſa ſuite de demeurer en
bas, ſe mettant à deuiſer auec grande familiarité & amour auec noz Peres & freres, il alla
veoir l'horloge, il veit encore vne eſpinete &
vne viole que nous auions,& commanda qu'on
en iouaſt, prenant grand plaiſir d'ouir le ſon, &
louant le ieune garçon qui iouóit de l'eſpinete,
lequel eſtoit fils à vn Roy de Fiunga, comme
auſſi celuy qui iouoit de la viole, il alla veoir la
cloche & autres ſemblables choſes que nous
auions en la maiſon, leſquelles ſont fort requi-
ſes pour allecher les Gentils, leſquelles eſtans
fort euidentes les viennent voir,ſ'en ſeruant cóme d'hameçon pour les appriuoiſer à ouir les
ſermós, comme nous experimentós ordinairement. Entre les choſes que iuſques à preſent
ont eſté introduictes au Iappon, & auſquelles
les Iapponnois prennent plus de plaiſir ſont les
orgues, les regales & la viole : & par ce nous
auós deux paires d'orgues, les vnes à Auzuchiame, & les autres à Bungo,& des regales en plu-

f iij

sieurs parts , desquelles la ieunesse apprent à sonner : & aux Messes & aux iours de festes nous seruent pour supplier au defaut que nous auons de chanter , & autres choses semblables, qui sont en vsage aux Eglises d'Europe, ce qui seroit pardeça fort necessaire, pour exciter cette gentilité , & leur faire sentir aucunement la gloire & magnificence du seruice diuin. Ayant Nobunanga conuersé & diuisé quelque temps auec les Peres s'en retourna chez soy, sans vouloir permettre que les Peres l'acompagnassent iusques au bas du degré, ains les feit demeurer en haut, où ils estoient. Apres estre arriué à son chasteau enuoya au Pere Organtin vn present à manger, luy faisant entendre qu'il auoit prins grand plaisir ce iour là, de voir nostre maison : & pour marque du plaisir qu'il y auoit pris, luy enuoya ce present. Auec telles & semblables faueurs qu'il nous faict souuent le credit de la Loy de Dieu va croissant & la bonne reputation des Peres entre les Chrestiés & Gentils. Plaise à Dieu l'illuminer , afin qu'il cognoisse la verité , laquelle il oit souuent és predications. Et bien considerant d'vne part sa superbe & maniere de proceder , semble chose impossible, qu'il s'assubiectisse à la loy de Dieu, voyant neantmoins d'autre part que Dieu l'a choisi pour destruire & aneantir les sectes des Bonzes , fauorisant tousiours noz affaires , & oyant par fois attentiuement les choses de la vie future , & de l'immortalité de l'ame : cela nous faict croire & esperer que la main de Dieu

n'est r'accourfie fur luy. Et femble qu'auec les
grandes faueurs qu'il a faict à la maifon d'Auzuchiame cefte annee, & par l'eftroicte amitié
& familiarité qu'il nous monftre, il luy doiue
efchoir vn iour, ce qu'aduint au Roy de Bungo, duquel nous auions toufious moins d'efperance, & nonobftant ayant toufiours fauorifé
à la Chreftienté & aux Peres en fes terres, noftre
Seigneur fe daigna le conuertir fur le trentief-
me de fon aage, afin qu'il le feruift fi loyaument
comme il faict. Voila ce que touche la maifon
d'Auzuchiame, en laquelle demeure le Pere
Organtin, lequel auec vn autre Pere, & quatre
ou cinq de nos freres, & auec ceux du Seminaire font en tout iufques au nombre de cinquante perfonnes.



LA forterefſe de Tacafuche, laquelle eft di-
ftante de Meaque neuf lieues, appartient
à Iufte Veundono, duquel on efcriuit quelque
chofe l'annee paffee. Ce Iufte eft le fils de Darie Tacaiamandon, lequel comme nous auons
dict cy deffus, demeure au Royaume de Iechi-
gen, & à foin de ces nouueaux chreftiens. Ceux
cy furent les deux premieres & plus fortes co-
lonnes de la Chreftienté que nous ayons en ce
pays de Meaque, le Pere abandonnant fa maifon & fon fils, fuiuant la couftume de tout le
Iappon, fe retira, laiffant à fon fils le gouuernement de l'eftat vniuerfel du Royaume, lequel

s'est tousiours monstré non moins iuste d'effect
que de nom, par ce qu'il est seigneur d'vn grand
pays, & a grosses rentes, desquelles il entretient
grand nombre de Capitaines & Gentilshommes, & beaucoup de gens de pied & à cheual, &
estant ieune de vingt & huict ans, c'est vn des
plus valeureux guerriers que Nobunanga aye,
& est si humble & obeissant aux Peres, que
lors qu'il parle auec eux, vous diriez plustost
que c'est vn seruiteur qu'vn si grand seigneur,
& est si grand obseruateur de la Loy de Dieu,
que tous les Gentils en demeurent esmerueil-
lez, & non sans grand raison : Car certainemét
c'est chose digne de merueille, de voir vn Capitaine si valeureux de la fleur de son aage, suiuát
la Cour, & conuersant familierement auec tous
les Seigneurs Gentils, mener vne vie si exem-
plaire comme il faict. Dieu l'a doué d'vne si gráde prudence, qu'il conuerse & traicte auec tous,
de telle façon que sans enfraindre rien qui soit
de sa loy, est fort aimé d'vn chacun. Ce seigneur
a outre ses forteresses plusieurs autres bourgades & villages és enuirons lesquels pourront
estre de vingt à cinq mil personnes, s'en estans
des-ja fais Chrestiens dixhuict mil, du nombre
desquels sont tous les Gentilhommes, & ont
receu le sainct Baptesme ceste annee plus de
deux mil & cinq cens personnes, à chasque iour
s'é baptisent des autres. Ont fit en ce lieu si grád
accueil au Pere Visiteur, & luy demonstra-on si
grand amour qu'on ne le sçauroit exprimer, par
ce que comme dict l'escriture, selon le Prince

le peuple fe gouuerne, & la nobleffe & les Capitaines de toutes fes terres. Ce feigneur defi-
rant grädement d'auoir vn de noz Peres en fon
pays qui f'employaft à cóferuer & faire croiftre
la faincte foy Catholique, feift baftir vne maifon dans le fort de Tacafuche bien commode
pour pouuoir loger huict ou dix de la compagnie, & donna par mefme moyen vne rente an-
nuelle de deux cens efcus, pour la nourriture
des Peres qui refidét à prefent en cefte maifon.

Le P. Vifiteur, lors qu'il vint de Meaque, fift
là quelque feiour la femaine de la paffion : &
parce qu'il eftoit arriué le mercredy Sainct, il
fembla bon aux Peres & aux Chreftiens qu'il
celebraft là le feruice de la fepmaine Saincte &
des feftes de Pafques. Ce qu'il fift auec grande
folennité, arriuant de toutes parts toute la nobleffe Chreftienne, qui eftoient bien loing de
là, mefmes des Royaumes de Mino & Voari,
& ce en fi peu de temps, qu'ils fembloient eftre
pluftoft arriuez que d'en fçauoir la nouuelle:
mais le defir grand qu'on auoit de la venue dudit Pere, fift qu'en la mefme heure qu'il arriua
à Sacay, qui fut deuant midy, foudain les Chreftiens en donnerent aduertiffement aux autres
qui eftoient plus loing. Le iour fuiuant à l'aube
du iour arriuerent plus de quatre vingts feigneurs à cheual auec grand nombre de peuple,
lefquels ayans ouy la nouuelle fe partirent des
fortereffes de Giao, Sanga, & Occayma, à la mi-
nuict, pour voir ledit Pere & l'accompagner.
Ce qu'ils firent, le defchargeant de fes hardes, &

luy faifant grãd honneur partous leurs forts où il côuenoit paffer, iufques à ce qu'ils fuffent arriuez à Tacafuche : plufieurs fortoient de leurs villes & villages, iufques aux femmes & petits enfans. Il y auoit dequoy remercier Dieu de voir vne fi belle deuotion & refiouiffance de ce peuple. Plufieurs Dames accompagnoiët leurs maris iufques à Tacafuche, pour affifter au feruice que le Pere deuoit celebrer là. Et pource q̃ c'eftoit des premiers offices qui s'eftoient celebrez en ces pays, auec mufique, orgues, & riches ornemens d'Autel, d'autant fuft plus grande l'affemblee & concours du peuple. On dreffa auffi de beaux Sepulchres & Paradis, qui furent vifitez de tout le peuple, là où l'on faifoit grandes aufteritez & difciplines, de forte qu'il fembloit au Pere qu'il eftoit pluftoft à Rome qu'à Tacafuche. Le iour de Pafques deux heures deuant iour fe commencerent les proceffions fort folennellemẽt, qui fe pourroiët paragonner à celles qui fe font en Europe : Car outre les banieres de foye defpeinte, chafque chreftien auoit en main fus vn bafton vne belle lanterne fort proprement accommodee, les vnes eftoient en forme de nauire, les autres de vafe, les autres de chafteau : de forte qu'il faifoit beau voir ce deuotieux fpectacle. Outre le grand nombre des Chreftiens, y allerent plus de vingt mil payens, lefquels eftonnez des belles ceremonies & deuotions des Chreftiens, louent grandement noftre Religion, & trouuent belles les folennitez de nos feftes.

Apres la procession se commença la Messe
où plusieurs se communierent. Le seigneur Iuste Vcumdono fit vn solennel banquet à tous les
principaux gentils-hommes Chrestiens , qui
estoient en grand nombre lesquels tous ensemble prierent le Pere que la mesme procession se
fist à la feste Dieu prochaine, car, disoiét-ils, ce-
ste-cy s'est faicte si en haste , que nous n'auons
eu loisir nous preparer. Le Pere leur octroya, &
pource au temps ordonné le Pere retourna de
Auzuchiame à Tacasuche, où la feste fust cele-
brée, & faicte la procession auec beaucoup plus
d'appareil & concours de gens qu'auparauant.
On dressoit par les rues des arcs de triomphe
des fueilles , chappelles & tapisseries par où deuoit passer la procession: on respádoit plusieurs
roses, & brusloit-on de precieuses odeurs, les
rues plaines de chandelles ardentes . Au bout
d'vne grande rue fust dressée vne belle & riche croix : La solennité fut belle & si grande,
que sans comparaison elle surmontoit la premiere au grand contentement des Chrestiens,
& esbahissement d'vne troupe infinie de gentils . Le tout fust faict aux despens du Sieur
Iuste, qui comme au parauant plus solennel-
lement, & somptueusement festoya la noblesse Chrestienne . Ledit sieur obtint du Pere
Visiteur vn de noz Peres, auec vn coadiuteur
Iapponnois, pour s'arrester en ses terres. Apres
ceste solennité furent celebrez deux beaux ba-
ptesmes , en l'vn desquels furent baptisez plus
de cinq cens personnes , en l'autre plus de mil

cinquante. Ledit sieur Iuste pria le Pere de visiter les autres Eglises de son pays, qui sont plus de vingt : ce qu'il fit, receuant grand contentement d'icelles.

Ils monstroient auoir grande deuotion aux Agnus Dei, images, grains benits. C'estoit chose estrange voir l'importunité de laquelle ils vsoient pour en auoir, mais ne pouuant satisfaire à tous, quelques vns demandoient au moins son nom en escrit à quelques vns, desquels il fut forcé le leur donner, qui en faisoient cas comme d'vne grande relique, tant ils ont en reuerence les Peres.

Au temps de ce grand concours de peuple l'on se print garde que nostre Eglise estoit trop petite pour ranger vn si grand peuple, & qu'elle n'estoit proportiónee. Et pource le sieur Iuste auec les autres seigneurs auiserent d'en dresser & bastir vne belle grande & capable, donnant en diligence bon ordre que tous les materiaux fussent prests, pour le grád desir que ils auoient qu'elle fust acheuee. Elle fusse desia commencee, ne fust que plusieurs de ses subiets estoient occupez, tant à nous bastir les logis d'Auzuchiame, cóme aussi aux somptueux bastimens qu'il faict faire : & d'autant plustost elle se commencera, qu'il sçait que ce sera chose agreable à Nobunanga. Le peuple du pays est fort affectionné à l'œuure de ladicte Eglise, qui continue à ouir tous les iours la Messe, & chàter les Letanies de nostre Dame à la mode de tous les Chrestiens du Iappon, & principale-

ment aux quartiers de Meaque, où ordinairement se voit grande deuotion du peuple. Les
Iapponnois ont encore vne autre coustume en
leur deuotion, c'est que quand le Prestre communie à la Messe, tous à haute voix crient en
langage du pays: Domine non sum dignus. Ce
qu'ils font aussi quád quelqu'vn communie, &
aussi le Confiteor : Et d'autant que les Iapponnois de leur naturel sont enclins à la pieté, ils
font signes de deuotions auec gráde attention,
de sorte qu'ils excitent à la mesme deuotion
ceux qui sont presens. La Messe finie ils recitent
à haute voix trois fois le Pater noster & l'Aue
Maria en leur lágue: ce qu'ils font apres les Letanies le soir, & asseurent qu'ils sont consolez le
recitans mesme en Latin : & pource ne se sou-
cient, & ne veulent que ceste belle oraison se
change en leur langue.

 Tous les vendredis de Caresme depuis le ser-
mon qui se faict de la passió de nostre Seigneur,
tant hommes que femmes, estant toutesfois se-
parez l'vn de l'autre, font la discipline d'vn Mi-
serere. Ce qu'ils font auec telle ardeur & déuo-
tion, que le Pseaume acheué difficilement on
les faict cesser. Le tout se faict au Iappon auec
grande facilité, & n'y a aucun inconuenient qui
en puisse aduenir pour ceux qui viendront de
l'Europe : car leur façon de vestement est tel,
que facilement ils se descouurent les espaules,
le reste demeurant couuert. La modestie desquels & bonne reputation est telle, que mesme
les Gentils n'en murmurent. Finalement, enco-

res que les trauaux foient grands touchant la
conuerfion de ce peuple, & à les enfeigner, fi
eft-ce que la confolation grande que l'on a de
les voir fi fpirituels, nous rend fort contens en
noftre Seigneur.

### De la refidence & des Chreftiens de Cauaci.

LA fortereffe de Tacafuche de laquelle nous
auons parlé, eft en vn royaume appellé Zu-
nocuni qui eft diuifé entre plufieurs feigneurs
Payens, defquels feulement le feigneur Iufte eft
chreftien. Le royaume de Cauaci eft ioignât, &
limitrophe à ceftuy-cy, qui eft comme l'autre,
diuifé entre plufieurs Seigneurs, defquels quelques vns font Chreftiens, de façon qu'en cefte
refidence font contenus enuiron plus ou moins
de fix mille Chreftiens, tant de Occayama &
Iehan Iaques, que de Tobo Xingata, defquels
nous parlerons en particulier. Occayama eft
vne forte place qui appartient à vn feigneur
Chreftien, qui f'appelle le Seigneur Iehan Ioa-
quindono qui a plufieurs villages voifins, aufquels font enuiron 3500. Chreftiens, n'endurant
aucun Payen en fes terres. Cefte fortereffe eft
loin de Tacafuche enuiron cinq lieues, & 13.
de Meaque. Les feigneurs Iehan & Iufte ont
efté toufiours grands amis enfemble : & jaçoit
que Iehan ne foit fi grand feigneur que Iufte,
fi eft-ce que fes fubjets ne font moindres en ver
tu & obeiffance à l'Eglife, & refpect à noz Peres que les autres, ny moins deuots qu'eux, &
principalement la nobleffe, en laquelle excelle

l'oncle du Seigneur Iehan, qui s'appelle George Giafinchindono, qui est vn des meilleurs & plus anciens Chrestiens de tous, accompagné de rares vertus, par lesquelles il se faict aimer de tous, & en la constance de sa foy & intelligence des choses diuines, on luy cede le premier rang, lequel pour ses bonnes œuures se peut appeller le Pere des Chrestiens d'Occayma, & tant est grande sa charité, dispersant ses biens aux pauures, & principalement aux nostres, qu'il faict plus qu'il ne peut. Ce bon personnage a côposé vn liure qu'il a dépeint par dedâs, & fort bié doré par dehors, où il a escrit les choses principales qui se sont faictes depuis que noz Peres sont venus ; & a faict telle diligence ayât recouuert des lettres qu'il a le nom de tous noz Peres & freres qui ont esté par delà. Lesquels il a collé en son liure, duquel il faict tel cas, qu'il l'appelle son thresor. Plusieurs Chrestiens font grand cas de ce liure, pource que par iceluy se laissera vne saincte memoire des choses faictes par les premiers qui ont planté la Religion Chrestienne en ce pays du Iappon. Tout ainsi comme audit Iappon il y a vn certain liure côposé par vn fort anciên Bonze, des premiers inuenteurs de leur secte, duquel l'on en faict tant de cas, qu'il se vend bien 3000. escus. Le mesme dict George, que la religion Chrestienne merite bien que l'on escriue vn liure qui vaille d'auantage, disant que ce n'estoit raison que l'on eust moins de memoire des protecteurs de la religion & verite Chrestienne, que de celuy de la

faucceté Payenne. Le Seigneur du fort d'Occáy-
ma par l'industrie de George a basti vne belle
Eglise grande & capable, auec vn logis pour re-
tirer les Peres. A vne lieue & demie de là est
vne petite Isle que l'on appelle Sanga, le seigneur de laquelle est aussi Chrestien auec le
peuple, qui sont enuiron 1500. personnes. Cette Isle est fort delectable & plaisante & forte,
pour estre situee au milieu d'vn grand Lac, duquel est souuerain vn vieillard des plus anciens
Chrestiens de pardelà, à la solicitation duquel
s'est faicte vne belle Eglise & habitation pour
nous, bien retee pour le viure de ceux qui y demeurent. Trois lieues par delà demeure vn autre Seigneur nommé Simon Tagadono, qui en
quelque chose est par dessus les autres deux seigneurs, pource que ce Royaume de Cauaci est
diuisé en deux parts, l'vne qui appartient à vn
Seigneur Payen: l'autre à trois autres seigneurs,
l'vn desquels est le seigneur Simon, qui a sa fille
mariee au seigneur Iean, seigneur de Occayma,
Capitaine vaillant au possible, & heureux en
guerre, grand zelateur de la conuersion de ses
subiects: mais pource que le gouuernemét des-
pend aussi des deux autres, il ne peut executer
ce qu'il voudroit, encore qu'en son Chasteau
de Zau où il demeure soiét plus de 800. Chrestiens, entre lesquels sont les principaux de ses
subiets, & tous ses Soldats qui sont vertueux &
deuots, & fort obeissans à leur maistre. Iusques
à present nous n'auons en ce lieu Eglise capable
comme nous le desirions. Le Seigneur Simon
espere

espere d'y faire trauailler en bref. Il pourfuit
maintenant enuers Nobunanga qu'vn chacun
foit Seigneur entier en fes terres, afin que le
gouuernement en foit plus affeuré, afin d'ob-
uier à tous inconueniens qui furuiennent, à caufe de la dependence des gouuernemens, que fi
l'affaire reüffit, tous les fubjects de Simon fe
feront Chreftiés. Nous ne fommes hors d'efperance que les autres deux feigneurs ne fe côuer-
tiffent, principalemét du feigneur Nomádono,
coufin de Simon, qui porte grand refpect a noz
Peres, & a promis a Simon de vouloir ouir les
fermons, pour faire vne refolution de fon eftat.
Que fi ce feigneur ce faifoit Chreftien, nous efperons (auec l'aide de Dieu) que l'autre auffi feroit le mefme, qui eft gendre de Simon, qui feroit caufe qu'en ce royaume de Cauaci fe feroit
vn merueilleux fruict. A dix lieues de ce chafteau en eft vn autre que l'on appelle Tobozin-
gata, lequel auec plufieurs autres qui luy font
voifins, font auffi gouuernez de trois feigneurs
diuers, deux defquels font Chreftiens, & auec
eux enuiron 300. Soldats. Iufques a prefent ne
fe font faicts plus de chreftiens, pource que l'vn
d'iceux feigneurs n'eftoit Chreftien, & eftoit
de grande authorité. Mais cette année iceluy
f'eftant conuerty, qui eftoit le plus riche des
trois, qui a donné en mariage à fon fils la fille de
Simon, ils font fort defireux de faire que tout
le pays fe conuertiffe. Iceluy n'agueres f'eftant
faict Chreftien, il pleut à noftre Seigneur l'appeller de cette vie en l'autre meilleure, laiffant

ſon fils mary de la fille de Simon, lequel pour n'auoir que 12. ans, & ne pouuoir vaquer à la guerre, nous craignions que Nobunanga ne meiſt quelque autre en ſa place, comme il a accouſtumé de faire, ce qui fut faict n'agueres à deux ieunes hommes de meſme aage, eſtans decedez leurs Peres, grands Seigneurs : Car il y meit Capitaines qui le peuſſent ſeruir, & aux enfans donna peu de reuenu pour leur entretien. Ce que voyant Simon oncle de l'enfant, le mena à Auzuchiame pour le preſenter à Nobunãga, luy portant pour preſent vn Catana, c'eſt à dire, vn Semeterre ou coutelats, faict à la Iapponnoiſe, qui auoit eſté au pere du ieune homme, qui eſtoit eſtimé 1500. eſcus, & quelques Catabires, qui ſont chemiſes de maille. Nobunanga receu les preſens, & le ieune homme auec grand amour, & ſ'enquit de l'aage du iouuenceau, on luy reſpondit qu'il eſtoit de 12. ans. Mais faiſant approcher de ſoy l'enfant, il dict qu'il n'en auoit que vnze, dequoy tous furent fort eſtonnez, combien que Nobunanga ne leur monſtra mauuais viſage. Alors Nobunanga print en main le Semeterre, & en fit grãd cas, diſant qu'il ſçauoit bien de quelle valeur il eſtoit, mais qu'il falloit qu'il ſeruiſt au fils, comme il auoit ſerui au Pere : & pource qu'il ne le vouloit, & qu'il ſe contentoit des chemiſes, qu'il garderoit en ſigne d'amour. Puis il eſtablit l'enfant au lieu du pere en tous ſes honneurs & biens, & le recommanda fort à Simon, & aux deux autres ſeigneurs, compagnons du gouuernement qui estoient venus auec l'enfant. Les Peres recommanderent fort à Dieu cest affaire, voyans de quelle importance elle estoit. Et sachans depuis comme le tout s'estoit passé auec Nobunanga, tous s'en resiouirent grandement. Et Simon auec le ieune homme & l'autre Gentilhomme Chrestien son compagnon, procurerent diligemmét la conuersion de leurs subjets, qui sont enuiron dix mille personnes, & en peu de temps se conuertira toute la principale noblesse dudit ieune homme, lesquels auec Simon & son compagnon feirent tant auec le troisiesme seigneur, qu'il promit d'assister à noz predications. Nous esperós aidant Dieu, que se conuertissant ce seigneur, tous ses subjects se conuertiront. D'auantage ils se sont resolus de bastir en ce lieu vne belle Eglise, & ja se prepare le bois & la pierre. Le Pere Visiteur visitát les noumeaux Chrestiens tous ensemble auec leur seigneur, fut requis d'eux auec instance de leur octroyer vn de nos Peres auec vn de noz freres pour demeurer parmy eux en ce Royaume, en diuers lieux & forteresses, selon que la necessité du pays le requerroit. La demande sembla equitable au Pere, lequel la leur accorda. Car tout ainsi qu'il luy sembloit bon que aux pays où ils sont tous Chrestiens, les nostres demeurassent vnis & ensemble, ne leur permettant auoir tant de residences & demeures qu'ils auoient eu au parauant : Tout le mesme luy sembloit cõnuenable, que aux pays où les Chrestiens viuent pesle-mesle auec les ido-

latres, feiſſent plus de reſidences & demeures,
afin de plus facilement accroiſtre la foy, &
mieux confirmer en icelle les nouueaux Chreſtiens.

Outre les ſuſdictes places fortes, demeurent
en cette reſidence de Cauaci les Chreſtiens,
citoyens de la ville de Saccay, diſtante de ſix
lieues de Iabo. Laquelle cité eſt des plus nobles,
riches & fameuſes du Iappon, tant pour ſa grã-
deur & richeſſes de Marchãds, q̃ pource qu'elle
eſt libre, & ſe gouuerne en façon de Republique, à cauſe de ſes grands priuileges & franchi-
ſes. De ſorte que quand les autres villes, citez
& fortereſſes ſont en grãds troubles de guerre,
la cité de Saccay vit en grãde paix &tranquilité.
Pour telles & ſemblables raiſons noz Peres ont
touſiours deſiré d'auoir en ladicte cité vñe demeure : mais iuſques à preſent les Bonzes ſ'y
oppoſoient, pource qu'il y conuenoit faire grã-
des deſpences. Le bien qui ſe pouuoit faire à
l'endroit de la cõuerſion de pluſieurs, auoit eſté
empeſché & retardé. Maintenant par la bonté
infinie de Dieu nous auons audit lieu iá cent
Chreſtiẽs, entre leſquels ſont quelques vns fort
nobles par le moyen deſquels on a eu quelque
bonne occaſion de pouuoir aider les autres.
A quoy encore aideront fort quelques maiſons
qu'a donné le ſeigneur de Toboxingata, qui
ſ'appelle Paul Bondaindono, ou nous baſtiſſons
vne petite Egliſe, pour ſuruenir à la preſente
neceſſité, & maintenãt ſ'offre l'occaſion d'auoir
vne place au milieu de la ville, qui ſeroit fort

commode pour nous, laquelle eſtant obtenue nous eſperons non-ſeulement d'y faire vne belle Egliſe : mais auſſi auec le temps d'y dreſſer vn beau College, auquel y ſerôt gens qui pourront ſemployer à la conuerſion des Gentils, & conſeruation des Chreſtiens de tout ce Royaume.

Le Pere Viſiteur paſſant par tous leurs lieux & fortereſſes, à la requeſte des ſeigneurs d'icelles fut partout receu honorablement. Il chanta ſolennellement la Meſſe en Tacaſuche, eſtât aſſiſté d'vne grande aſſemblee des Chreſtiens, qui receurent grand contentement. En chaque lieu qu'il viſitoit, furent baptiſez plus de cinq cés perſonnes. Voilà le ſommaire de ce qui touche les reſidences & maiſons du Iappon.

Le Pere Viſiteur & ſes compagnons eſtans retournez de Saccay à Bungo firét leur voyage ſortant des Iſles, auquel ils employerent vn mois : pource qu'outre les incommoditez qui ſont à voyager au Iappon, ils eurent de grands dangers en mer : & entre autres vne tempeſte & tourmente dangereuſe, laquelle ils appellent Tifone, qui dura vingt-quatre heures, & rencôtrerent vne fregate de Corſaires, leſquels faiſoient ſemblant d'en appeller d'autres, qui les effrayerent tout vn iour & vne nuiĉt. Et pource que tels dangers de mer & Corſaires ſont fort frequens en ces lieux à noz Peres, ils ne ſceurent autre choſe faire ſinon de recommander le tout à Dieu, ſe remettant du tout à ſa diuine prouidence, laquelle ordinairemét les deliure de tels perils,

Ie n'obmettray d'escrire le grãd contentement
que receut le bon Roy de Tooca Dom Paul,
voyant le Pere Visiteur, pource que depuis cinq
ou six ans qu'il fust baptisé en Bungo ne l'auoit
veu, estant chassé de son Royaume, lequel ne
pouuant recouurer, s'estoit retiré aux terres
d'vn seigneur Payen qui demeure aux marches
de Tooca, là où il s'entretient auec cinquante
ou soixante de ses seruiteurs. Le Pere doncques
passant huict lieuës pres de là où il estoit, l'enuoya visiter: lequel entẽdant qu'il passoit s'em-
barqua, & vint trouuer le P. Visiteur, auec lequel il communiqua presque deux heures, auec
grand contentement. Le P. Visiteur fust eston-
né de veoir vn homme de si grand vertu, lequel
estant seul Chrestien au milieu des idolatres, se
conseruoit si bien en sa foy & desir de son salut. Iceluy disoit au Pere, que ce qui le tou-
choit de plus pres, estoit qu'il ne pouuoit viure
entre les Chrestiens, & qu'il ne pouuoit conuertir ceux auec lesquels il demeuroit.

Entre les autres choses qu'il traitta auec le Pere, c'estoit de faire vne protestation de sa foy,
disant qu'il desiroit, que tant les Chrestiens que
les idolatres, entendissent qu'il estoit Chrestien
de faict, & qu'il vouloit mourir Chrestien : &
pource qu'il auoit ordonné que mourant entre
les Gentils il ne fust enseuely à leur mode, mais
à la façon des Chrestiens, il pria le P. Visiteur
que quand on entendroit son decés l'office fust
faict pour luy, & qu'on priast Dieu pour son

ame. Ainſi le Pere Viſiteur print congé de ce bon Roy Chreſtien, lequel pour teſmoignage de ſa foy portoit au col vn reliquaire, auec vn chappelet qu'il diſoit ſouuent, & par lequel on le recognoiſſoit eſtre Chreſtien, il demanda derechef au Pere qu'il luy pleuſt de receuoir au Seminaire vn ſien enfant aagé de treze ans, qu'il menoit auec ſoy pour l'enuoyer à Bungo au premier iour. Le bon Roy outre qu'il eſt vieil, eſt fort mal diſpoſé pour auoir eſté cruellemẽt bleſſé d'vn ſien ſeruiteur en dormant, lequel eſtoit corrompu par le Tyran qui l'a chaſſé de ſon pays. Pluſieurs ont pris pour miracle qu'il ne mourut du coup. Ce que le bon Roy attribuoit à vn grain beniſt qu'il auoit en ſon chappelet, qu'il reçitoit auparauant que dormir. Le Tyran qui le miſt hors de ſes terres maintenant luy offre vne Iſle, auec reuenu ſuffiſant pour l'entretenir & ſes ſeruiteurs: & iaçoit que la cõdition ſoit faſcheuſe, ſi eſt-ce qu'il l'acceptera, & promet de tant faire, que les habitás de l'Iſle ſe conuertiront à la religion Chreſtienne. Ie veux mettre fin à la preſente, apres auoir deſcrit vn cas qui aduint à vn ieune homme Iapponnois en Sunda, qui eſt vn Royaume des Mores, où les Portugais vont acheter le poiure & autres eſpices. Eſtant dõcques là le ieune homme, perſuadé par auenture par autres auſſi ieunes que luy, leſquels eſtoient fugitifs de leurs maiſtres, ſe miſt en leur compagnie, & ſe fit More, mais à peine euſt il faict la faute qu'il s'en retourna aux nauires Portugaifes, difant qu'il auoit efté trompé : Et monftrant qu'il eftoit Chreftien, & qu'il vouloit mourir pour la foy de Iefus Chrift les Cafis des Mores, qui font leurs Preftres, allerent incontinent au Roy, luy requerans qu'il luy pleuft faire que les Portugais luy rendiffent foudain le ieune homme. Le Roy zelateur de fon idolatrie & impieté, foudain depefcha à l'heure, & manda qu'on arreftaft trente Portugais qui eftoient defcendus en terre fans y penfer, auec leur marchandifes qui valoient quarante mille efcus, aduertiffant le Capitaine general des nauires que foudain il leur enuoyaffe le ieune homme, autrement qu'il feroit caufe de la mort des Portugais, que s'il le faifoit on renuoyeroit leurs hómes auec leur marchádife. Ceft ambaffade fuft caufe de grand trouble entre ceux qui eftoient aux nauires : car le Capitaine d'vne part n'ofoit deliurer le ieune homme : d'autre part voyoit s'il ne le faifoit, le mal & danger que les fiens encouroient. Plufieurs ambaffades d'vne part & d'autre alloient & venoient, le Roy ne monftroit, par moyen que fuft, efperance de s'appaifer fi le ieune homme ne luy eftoit rédu. Ce qui fembloit eftre cruel au Capitaine. Mais le ieune homme entendant ce qui fe paffoit, s'offrit luy-mefme de fon plein gré, monftrant grád courage d'aller, difant qu'il n'eftoit raifon que tant de Portugais enduraffent pour luy. En fin il defcendit en terre, difant au Capitaine qu'il

ne doutaſt, car il eſtoit Chreſtien, & quand il
ſeroit neceſſaire, qu'il eſtoit preſt à mourir deuant que renier ſa foy : & auec ceſte reſolution
ſe meit entre les mains des Mores, leſquels luy
demanderent s'il vouloit eſtre More : Reſpondit auec grande hardieſſe qu'il eſtoit Chreſtien,
& non More, & cóme Chreſtien vouloit mourir. Ce qu'entendáts les Mores, ſoudain ſe prindrent à luy donner tant de coups de baſtons,
qu'il eſtoit tout meurdry par le corps: mais d'autát plus qu'ils le battoient, d'autát il crioit qu'il
eſtoit Chreſtien, & qu'il vouloit mourir Chreſtien, & qu'il renonçoit à Mahomet & à tous
les Mores. Finalement apres auoir eſté cruellement battu le Roy donna la ſentence de mort
cótre luy: Pource il fuſt ſoudain mis entre leurs
mains, & fut pendu ſoubz le menton auec vn
cróc de fer, afin que ne ſe voulant faire More mouruſt ainſi. Ce bien-heureux iouuenceau
eſtant aux tourments eſtoit interrogé ſouuent
par les Mores s'il vouloit renier la foy de Ieſus
Chriſt: lequel à haute voix commença à reciter
le Credo, & inuoqua ſouuentesfois le Nom de
Ieſus, & de ſa Saincte Mere, & diſoit qu'il eſtoit
Chreſtien, & qu'il s'en alloit mourir en ceſte
foy. Ayant demeuré vne bóne eſpace de temps
ſans rien dire, il recommença de nouueau à reciter le Credo, repetant & inuoquant le Sainct
Nom de Ieſus & de Marie. Quelques Portugais qui eſtoient aupres qui ne luy ſçauoient
autrement aider, luy donnoient courage. En fin

repetant par la troifiefme fois le Credo, & def-
ja ayant beaucoup perdu de fes forces, d'vn
grand courage rendit fon ame bien-heureufe à
fon Dieu, pour l'amour duquel il enduroit, laiffant apres vn exemple & memoire de grande
edification & conftance. Le Capitaine des Portugais pour donner tefmoignage de la vertu
du martyr, tafcha par argent d'auoir le corps,
mais oncques il ne le fceut obtenir. Voilà ce
qui s'eft offert pour la prefente annee efcrire à
voftre paternité des chofes du Iappon. Il ne
refte finon de prier voftre paternité d'entendre
à noz neceffitez, & de nous aider en ces faincts
facrifices & oraifons enuers noftre Seigneur, &
pareillement nous enuoyer aide & fecours, afin
qu'on puiffe toufiours aduancer vne fi grande
entreprinfe comme eft la conuerfion de ces
pauures Iapponnois. De Naugafache le tre-
ziefme de Feurier 1582.

**F I N.**

## *Extraict du priuilege.*

PAR Priuilege du Roy donné à Paris, le 10.
iour de May 1583. par le Roy, signé Auril.
Est permis à ceux de la compagnie du nom de
Iesus, en France, de choisir tel Imprimeur
qu'ils verront estre suffisant, pour imprimer les
liures qu'ils ont composez, ou composeront
cy apres, inhibant ledict Seigneur à tous Im-
primeurs & autres quelconques, qu'ils n'ayent
à imprimer, ou faire imprimer lesdicts liures,
ny les exposer en vente, s'ils n'ont esté, & sont
imprimez par leur permission & congé, & ce
sur peine de confiscation de tous lesdicts liures,
& d'amende arbitraire. Le tout pour les cau-
ses contenues & amplement declarees audict
Priuilege.

M Alexandre George, Recteur du Collège de la compagnie du nom de Iesus, en l'vniuersité de Paris, permet à Thomas Brumen, Marchand Libraire Iuré, en ladicte Vniuersité, d'Imprimer ou faire Imprimer, *Les lettres nouuelles du Iappon, touchant l'auancement de la Chrestienté, en ces pays là, de l'an* 1582.
Faict à Paris le 15. de Decembre 1585.

A. George.